KB188870

수고하고 애쓰는 그리스도인들에게

수고하고 애쓰는 그리스도인들에게

지은이 | 김경진
초판 발행 | 2022. 9. 28
등록번호 | 제1988-000080호
등록된 곳 | 서울특별시 용산구 서빙고로 65길 38
발행처 | 사단법인 두란노서원
영업부 | 2078-3352   FAX | 080-749-3705
출판부 | 2078-3331

책값은 뒤표지에 있습니다.
ISBN 978-89-531-4313-5 03230

독자의 의견을 기다립니다.
tpress@duranno.com   www.duranno.com

두란노서원은 바울 사도가 3차 전도여행 때 에베소에서 성령 받은 제자들을 따로 세워 하나님의 말씀으로 양육하
던 장소입니다. 사도행전 19장 8-20절의 정신에 따라 첫째 목회자를 돕는 사역과 평신도를 훈련시키는 사역, 둘째
세계선교(TIM)와 문서선교(단행본·잡지) 사역, 셋째 예수문화 및 경배와 찬양 사역, 그리고 가정·상담 사역 등을 감당하
고 있습니다. 1980년 12월 22일에 창립된 두란노서원은 주님 오실 때까지 이 사역들을 계속할 것입니다.

수 고 하 고 —— 애쓰는

그리스도인들에게

김경진 지음

두란노

"모든 일은 하나님을 섬기는 예배인 동시에 이웃에 대한 섬김이다"

(Alle Arbeit ist Gottesdienst und Dienst am Nächsten zugleich).

- 마르틴 루터(Martin Luther), 1522년 교회설교집(Kirchenpostille) 중에서

많은 사람들이 일상생활과 신앙생활을 구분 지으며 살아갑니다. 물론 일상 속에서 신앙이 더욱 깊어진다는 사실은 모두가 알지만, 살다 보면 그것이 쉽지 않다는 것을 경험하게 됩니다. 중요한 업체와 계약을 성사시키기 위해 동분서주하고, 매일 반복적인 업무를 바쁘게 해내고, 당장 눈앞의 시험을 통과하기 위해 공부하고, 집안일 또는 아픈 가족을 간병하는 등 일상에서 하나님을 향한 믿음과 이해가 깊어지기란 쉬운 일이 아닙니다. 그래서 일상과 신앙을 구분하는 것이 오히려 속 편해 보이기도 합니다. '가이사의 것은 가이사에게, 하나님의 것은 하나님에게!'를 외치며, 세상일은 세상 방식으로, 하나님의 일은 하나님의 방식대로 처리하고 싶은 것이 우리의 간편한 처세술일 때가 참으로 많습니다.

하지만 성경은 일상과 신앙을 손쉽게 구분하는 것을 옳다고 말하지 않습니다. 성경은 우리가 어떤 활동을 하든지 눈가림만 하며

사람을 기쁘게 할 것이 아니라 주님께 하듯이 기쁜 마음으로 섬기라(엡 6:6-7)고 강조합니다. 특별히 그것은 개신교의 윤리적인 정신이기도 합니다. 종교개혁은 복음과 성경을 재발견하고 예배의 회복을 일으킴과 동시에 서구 유럽의 경제 윤리와 직업 정신에도 큰 영향을 끼쳤습니다. 중세 유럽에서 세속적인 직업과 일은 성직에 비해 평가 절하를 당했고 그마저도 돈이 되지 않는 일은 무시를 당하기 일쑤였습니다. 그러나 마르틴 루터로 대표되는 종교개혁자들은 소명으로 일하는 그리스도인들의 모든 일이 그 자체로 영적인 의미와 실제적인 가치를 지닌 것이라고 가르쳤습니다. 마구간에서 종이 일하는 것과 왕실의 귀족이 일하는 것은 모두 자신과 세상을 풍요롭게 만드는 일이며 동시에 하나님께 영광 돌리는 일이 될 수 있었습니다. 종교개혁자들의 이러한 사상은 경제 발전에 크게 이바지했고, 이를 통해 서구 자본주의의 발전에 사상적인 밑거름을 제공하게 되었습니다. 비단 경제적인 소득이나 물질적인 재화와 관련된 업무만이 아닙니다. 자녀를 양육하고 가정을 돌보는 어머니의 수고는 성직자들의 목회만큼이나 귀히 여겨지게 되었습니다.

우리는 코로나 바이러스(COVID19)로 인해 무너진 일상을 회복해야 하는 중대한 시기에 살고 있습니다. 그러나 목표로 해야 하는 것은 과로와 피로가 넘치고 경쟁과 갈등이 가득했던 과거 일상으로의 복귀가 아니라, 건강하고 지속 가능한 미래를 위한 준비입니다. 때문에 지금의 그리스도인에게는 이중적인 사명이 있습니다. 하나는 지금까지 달려왔던 길을 되돌아보고 지치고 상한 몸과 마음을 재정비하는 것이고, 다른 하나는 바른 방향을 설정하는 것입니다. 즉 삶의 허리끈을 고쳐 매고, 열정의 신발 끈을 다시 묶는 것입니다.

이 책은 코로나 바이러스가 전 세계를 몰아칠 때, 소망교회 강단에서 선포된 설교를 모은 것입니다. 닫힌 교회의 문과 텅 빈 예배당을 바라보면서 눈물을 흘리며 기도했습니다. 이를 통해 모두가 당황하여 우왕좌왕하는 이때에, 가장 중요한 것은 믿음의 사람들이 질서를 세우고 방향을 제시하는 것이라는 사실을 깨달았습니다. 그리고 그 일은 세상에 없던 새로운 일을 행하는 것이 아니라, 도리어 새로운 마음으로 자신의 본분을 다하는 것에서 시작된다는 깨달음도 얻었습니다. 세상의 불확실성이 커질수록 그리스도인들은 맡은 바 부르심의 자리에서 중심을 잡고 최선을 다해야 합니다. 유라굴로의 광풍이 일어 큰 소동이 일어난 배를 잠잠하게 한 것은 소명을 받은 사도 바울의 확신과 성실(행 27장)이었음을 기억합시다. 이 책은 바로 이러한 목적으로 태어났습니다. 이 설교는 소망교회 성도들을 위한 것이었지만 동시에 바른 길을 걷기 위해 수고하고 애쓰는 모든 그리스도인들을 위한 말씀이기도 합니다.

부족한 설교를 듣고 출판을 제안하고 기획 및 편집을 총괄해 준 두란노서원에 감사드립니다. 무엇보다도 코로나 바이러스의 상황 속에서도 언제 어디서든 묵묵히 그리고 든든히 자신의 자리를 지켜 준 소망교회의 모든 성도에게 깊은 감사를 드립니다.

1부

유
한
함
의

고 백 .

유한한 존재의 기도

—

전도서 9:7-10

인간다움은
유한함에 있습니다

로봇이 주인공인 영화 두 편을 소개합니다. 〈A.I.〉(Artificial Intelligence)는 인공지능 로봇이 주인공으로 등장하는 감동적인 영화입니다. 인간이 되고자 하는 로봇의 절절한 이야기입니다. 저는 그 영화를 보며 '죽는다는 게 얼마나 인간적인 것인가' 하는 사실을 깊이 생각하게 되었습니다.

〈Bicentennial Man〉은 200년 동안 살아가는 남자 로봇이 여자 인간을 사랑하는 이야기입니다. 깊이 사랑했는데 고백을 못한 채 시간이 흐릅니다. 여인은 나이가 들고, 결국은 죽게 됩니다.

저는 영화평론가도 아니고 영화를 많이 좋아하는 편도 아니지만, 이 두 영화를 보며 깊은 생각에 잠겼습니다. '인간이란 어떤 존재인가?'라는 질문 때문입니다. 로봇이 감정을 가질 수도 있고, 무한한 정보를 저장할 수도 있고, 영원히 사는 시대를 예견하면서, '인간은 도대체 어떤 존재인가'를 질문할 수밖에 없었습니다.

19세기와 20세기를 거치면서 인류는 이성과 과학이 주도하는 세계를 경험해 왔습니다. 과학과 의학은 멋진 미래를 약속해 주는 듯 보였습니다. 테크노피아의 세계, 유토피아의 세계가 곧 열릴 것 같았습니다. 그때 우리는 인간의 능력이 얼마나 위대한지 경험했습니다. 100층이 넘는 빌딩도 건설하고, 우주선을 만들어 달로 쏘아 올리는 인간을 보았습니다. 로봇을 만들어 내었고, 모든 질병을 정복할 수 있다는 희망도 보았습니다.

그러나 21세기에 들어서면서 우리가 생각하는 인간의 모습은 그와는 매우 대조적입니다. 오늘날 정의되는 인간다움은 육체적인 측면에 주목합니다. 인간이란 사랑하고, 늙어 가며, 죽어 가는 존재라는 것입니다.

무언가를 정의할 때, 비교함으로써 정의할 수 있을 것입니다. 예전에는 인간을 정의할 때 동물과 비교했습니다. 동물보다 우월하며, 이성적인 존재고, 문화를 형성할 수 있는 존재이자 기억할 줄 아는 존재고, 학습 능력을 지니며, 지식을 전달할 수 있는 존재임을 강조해 왔습니다.

그러나 오늘날의 상황은 많이 달라졌습니다. 더는 인간을 동물과 비교할 필요가 없습니다. 상상력이 필요한 이야기지만 우리 주위의 수많은 컴퓨터와 로봇, 사이보그와 인간을 비교해야 하는 시대에 접어들었습니다.

그러나 인간이 아무리 기억을 많이 할 수 있다 해도 컴퓨터와 대결할 수는 없습니다. 컴퓨터 메모리는 인간보다 훨씬 더 많은 양의 정보를 기억하고 불러오지 않습니까? 지식의 전달, 문화의 창조, 모든 것을 로봇에게 빼앗길 지경이 되었습니다. 물건을 사고파는 일도 로봇의 몫이 될 가능성이 높아졌습니다. 빨래, 청소 등 모든 것도 로봇이 충분히 해낼 수 있습니다. 그러니 더는 인간을 로봇과 비교해 정의할 수도 없는 일입니다.

데이터는 수백 년, 수천 년 동안 고스란히 남아 있을 테고, 인간을 도와줄 로봇은 도리어 인간이 살다가 죽고, 또 살다가 죽어 가는 모든 모습을 보게 될 것입니다. 그런 로봇에 비교하면 인간은 그저 몇 십 년을 살다가 가는 존재일 뿐입니다. 수백 년, 수천 년은 살 수 없는 존재가 인간입니다. 질병을 앓고, 때로는 사랑으로 몸살을 앓고, 그렇게 살다가 돌아가는 존재일 뿐입니다. 전염병이 지나가면 맥없이 쓰러지는 존재가 인간인 것입니다.

앞서 로봇에 관한 영화들은 로봇이 인간의 무엇을 부러워하는지를 보여 줌으로써, 진정 인간다움이 무엇인가를 알려 줍니다. 그들이 부러워하는 인간다움이란 도리어 '유한성'입니다. '사랑'입니다. 늙고 병들고 죽기도 하는, 또 사랑하고 아이를 낳고 때로는 절망하고 희망하기도 하며, 역동적인 삶을 살아가는 유한한 인간이 되기를 원했습니다. 흙에서 나왔고, 그래서 흙으로 돌아가는 인간을 부러워한 것입니다.

자족하는 삶을 살 때
인간다워집니다

수천 년 전 주신 하나님의 말씀 가운데 인간에 대한 중요한 말씀
이 있습니다. "육체가 원래 왔던 흙으로 돌아가고, 숨이 그것을 주
신 하나님께로 돌아가기 전에, 네 창조주를 기억하여라. 전도자가
말한다. 헛되고 헛되다. 모든 것이 헛되다"(전 12:7-8, 새번역성경). "무
엇을 인간이라 하는가? 인간의 육체는 본래의 흙으로 돌아갈 뿐이
며, 그 숨결 역시 하나님께로 돌아갈 뿐이다. 이것이 인간이다." 이
사실을 인정하는 것이 중요합니다. 그러므로 전도자는 말합니다.
"나는 생을 즐기라고 권하고 싶다. 사람에게, 먹고 마시고 즐기는
것보다 더 좋은 것이 세상에 없기 때문이다. 그래야 이 세상에서 일
하면서, 하나님께 허락받은 한평생을 사는 동안에, 언제나 기쁨이
사람과 함께 있을 것이다"(전 8:15, 새번역성경).
　미국에서 사회적으로 성공해 만족한 삶을 살아가는 사람 100명
을 찾아 연구 조사를 실시했다고 합니다. 이 조사에서 학자들은 성
공한 사람들의 공통점을 찾으려고 했습니다. 100명을 철저히 인터
뷰한 후, 모든 데이터를 입력해 결론을 도출했습니다. 그런데 그 결

과가 처음에는 무척 실망스러웠다고 합니다. 눈에 띄는 특별한 공통점이 없었기 때문입니다. 어떤 사람은 중학교를 중퇴했고, 어떤 사람은 박사 학위를 갖고 있었습니다. 어떤 사람은 좋은 부모를 만났고, 어떤 사람은 그렇지 못했습니다. 처음에는 가난했지만, 자수성가한 사람들도 있었습니다. 그런 사람들이 모두 인생의 어느 시점에 성공했고, 스스로 만족한 삶을 살고 있었다는 것입니다.

그런데 한 가지 눈에 띄는 결과가 보였다고 합니다. 100명 중 70명이 작은 도시 출신이라는 사실입니다. 인구 15,000명 이하의 도시에서 태어난 사람들이 비교적 만족한 삶을 살고 있다는 일부 결론을 얻었습니다. 그렇게 마무리하려던 중 매우 중요한 결론을 하나 더 얻게 되었다고 합니다. 이 연구팀이 발견한 것은 100명 모두가 어떤 환경에서든지 좋은 것을 찾는 사람들이었다는 것입니다. 'Good Finder'였다는 말입니다. 자신 안에서 좋은 것을 찾아내려는 사람, 이웃에게서 좋은 것을 보려는 사람, 어떤 환경에서도 좋은 모습을 찾아내려 한 사람들, 바로 그런 사람들이 만족할 만하며 성공적인 삶을 살더라는 결론이었습니다.

성경도 우리에게 이렇게 권면합니다. "지금은 하나님이 네가 하는 일을 좋게 보아 주시니, 너는 가서 즐거이 음식을 먹고, 기쁜 마음으로 포도주를 마셔라. 너는 언제나 옷을 깨끗하게 입고, 머리에는 기름을 발라라. 너의 헛된 모든 날, 하나님이 세상에서 너에게 주신 덧없는 모든 날에 너는 너의 사랑하는 아내와 더불어 즐거움을 누려라"(전 9:7-9 중, 새번역성경).

즐겁게, 기쁜 마음으로 인생을 살라는 권면입니다. 아내와 더불어, 또 남편과 더불어 즐겁게 인생을 살라는 말씀입니다. 성경 어느 곳에서도 하나님은 "공부 좀 해라"라고 말씀하지 않으셨습니다. 성경 어느 곳에서도 "강을 건너기 위해 다리를 좀 만들어라"라고 말씀하지도 않으셨습니다. "도시를 이루기 위해 큰 빌딩을 만들어 봐라"라고 명령하신 적도 없습니다. 이것은 하나님이 우리 인간에게 요구하신 내용이 아닙니다.

다리를 놓고, 빌딩을 세우고, 과학을 연구하는 이유는 그것이 인간다운 것이라고 생각하기 때문입니다. 물론 이런 생각과 실천으로 과거보다 편리한 삶을 살아갈 수 있습니다. 그러나 '이것이 정말 인간다운 것인가? 정말 하나님이 원하시는 인간다움인가?' 하는 질문을 던져 볼 필요가 있습니다.

온힘 다해 살되
오늘을 기쁨으로 채우십시오

사랑하는 두 사람이 만나 아이를 낳고 살아갑니다. 결혼 생활에서 가장 중요한 것은 인간과 인간 사이의 사랑입니다. 사랑을 나누고, 사랑을 배우며, 사랑을 전수합니다. 이것이 하나님께서 가정을 세우신 목적이고, 하나님께서 원하시는 우리 삶의 방식입니다.

하나님은 우리에게 좋은 집을 마련해 살라고 말씀하지 않으셨습니다. 돈을 많이 벌라고도 말씀하지 않으셨습니다. 대신 따뜻한 가정을 만들어 보라는 말씀을 주셨습니다. 아름다운 가정을 만들어 보라고 명령하신 것입니다.

정작 우리는 그럴듯한 집을 마련하기 위해 온 시간을 쏟을 때가 많습니다. 열심히 나가 일하느라 서로가 함께할 시간이 없습니다. 그러다 보니, 집에 들어와서는 짜증을 부릴 때가 많습니다. 사랑을 나누지 못한 채 집을 얻기 위해서만 온갖 노력을 다합니다. 그러다 집을 얻었는데, 그때는 아이들도 다 결혼해서 나가고 두 사람만 썰렁하게 남습니다. 도리어 그 집을 지키느라 힘이 듭니다. 따뜻한 가정을 이루어 보지도 못하고, 집만 덩그러니 남는 경우가 많습니다.

결혼하여 생활하는 분이 있습니까? 깊이 사랑하고 사랑을 표현하십시오. 육체적이 되십시오. 육감적이 되십시오. 즐겁게 결혼의 삶을 누리십시오. 독신으로 살아가는 분이 있습니까? 홀로 살아가는 그 시간을 하나님께 감사하십시오. 그것을 즐기십시오. 결혼했으나 아이가 없는 분이 있습니까? '왜 아기가 생기지 않지' 하고 초조해 하는 것이 아니라, 두 사람이 함께하는 시간을 행복하게 여기며 즐기십시오. 그 복된 시간을 만끽하십시오. 아기가 생겨 여러 힘든 일들이 생겼다고 걱정하는 분들이 있습니까? 아기가 자라는 동안 보여 주는 놀라운 애교에 만족하십시오. 그것으로 기뻐하십시오. 누리십시오. 그 시간도 잠시 주어질 뿐입니다.

지나간 시간을 돌아보면 참으로 후회스러운 일들이 많습니다. 왜 그렇게 많이 걱정하고, 많이 생각하며, 많은 목적을 가지고 살았는지 말입니다. 돌이켜보니, 도리어 그때가 참 좋았다고 생각되는 날도 얼마나 많습니까? 그런데 그때는 정작 그렇게 살지 못했습니다. '다시 돌아가면 정말 행복하게 살리라. 행복하게 가정도 꾸리고, 즐겁게 아이들도 키우며 살리라'라고 생각하지만 그 시간은 이미 지나 버렸습니다. 그러나 아직 희망은 있습니다. 우리에게는 현재라는 귀한 시간이 있기 때문입니다. "세상에서 네게 주신 모든 날에 즐거움을 누려라." 이것이 하나님께서 우리에게 주시는 말씀입니다. 이것이 바로 인간다움입니다. 나의 처지가 어떠하든지, 그 일에서 즐거움을 누리며 살아가는 것이 하나님의 뜻입니다.

그러나 이것이 쾌락주의로 흐르거나 허무주의로 흘러서는 안 됩니다. 아무렇게나 살라는 뜻이 아닙니다. 절망과 허무 속에서 살라는 뜻도 아닙니다. 그러므로 성경은 우리에게 다음과 같이 증언합니다. "네가 어떤 일을 하든지, 네 힘을 다해서 하여라. 네가 들어갈 무덤 속에는, 일도 계획도 지식도 지혜도 없다"(전 9:10, 새번역성경).

전도자는 "어떤 일을 하든지"라고 말합니다. 무슨 일이어도 좋습니다. 무슨 일이어도 상관없습니다. 단, 그 일을 최선을 다해서 하라는 말씀입니다. 어떤 결과를 이루라는 명령도 없습니다. 다만 힘을 다해 일하라는 것입니다. 이것이 하나님의 명령이요, 우리를 향한 따뜻한 사랑의 권면입니다.

즐겁게 그림을 그리며, 기쁘게 음악을 연주하듯이, 행복하게 내게 주신 몸을 움직이면서 춤을 추듯이, 하나님께서 나에게 주신 현장을 즐기라는 것입니다. 삶을 예술로 만드는 것입니다. 오늘 하루를 축제의 날로 변화시키는 것입니다. 하나님께서 내게 허락하신 시간을 즐거움이 가득 찬 현장으로 만들어 가는 것입니다.

상황을 넘어
충만하게 살아갑시다

혹시 요즘 전염병 때문에 갇혀 있거나 답답하다고 생각하십니까? 하나님께서 내게 주신 시간을 만끽해 보십시오. 상황을 넘어 즐겁게 지내 보는 것입니다. 혹시 요즘 일이 없습니까? 그 시간을 하나님께서 허락해 주신 가족과 함께하며 즐거움을 누리십시오. 축제로 만들어 보는 것입니다. 우리의 삶을, 현재를 예술로 만들어 가자는 하나님의 말씀입니다. 억지로 해서는 안 됩니다. 마약이나 술에 의지해서 그 쾌락을 만들어 갈 수는 없습니다. 하나님께서 주신 육체와 시간으로 좋은 것들을 발견해 갈 수 있습니다.

나 자신에게 너그러워지는 시간이 있으면 좋겠습니다. "수고했어"라고 축복하면서, 내게 축하의 박수도 보내 주면서 즐거움을 누리는 하루, 어떻습니까? 가족이 함께 모여 사랑을 나누는 날이 오늘이면 어떻겠습니까?

부모님들이 아이를 키우면서 정말 바라는 것이 무엇입니까? 아이들이 자신이 하고 싶은 것을 마음껏 하며 살아가는 것 아닐까요? 그런데 그렇게 하지 못할까 봐 공부하라고 하고, 걱정이 되어 좋은 직장을 구해야 한다고 말하고, 좋은 대학에 들어가야 한다고 이야기하는 게 아닙니까? 실제로 우리가 원하는 것은 내 아이가 마음껏 살아가는 것임이 분명합니다.

하나님도 그렇습니다. 우리가 마음껏 살아가기를 원하십니다. 직업을 바꾸고 싶어 하는 한 젊은 청년이 저를 찾아온 적이 있습니다. 나름 좋은 직업을 가지고 있음에도, 다른 일을 하고 싶다고 이야기했습니다. "무슨 일을 하고 싶은데?" 하고 물었더니, 파티 플래너(party planner)가 되고 싶다고 했습니다. 조금은 이상하게 느껴졌는데, 금방 수긍이 되었습니다. '파티 플래너'라고 말하는 순간, 그의 눈동자가 빛났기 때문입니다. 눈이 반짝반짝 빛이 났습니다. 그 일을 정말 좋아하고 있다는 느낌이 들었습니다. 그래서 제가 이렇게 이야기했습니다. "네가 정말 좋아하는구나. 그러면 해 봐라. 즐겁게 해 봐라. 하나님께서 축복해 주실 거야." 잘 해낼 것이라고 생각합니다. 즐겁게 살아가는 것이 중요합니다.

무엇을 인간이라고 합니까? 태어나고 병들고 어려움도 당하고 죽어 가는 것이 인간입니다. 우리는 그것을 인간이라고 합니다. 홍수에 해를 당하기도 하고, 지진에 땅이 함몰되기도 하고, 전염병에 쓰러지기도 하고, 병에서 다시 일어서기도 하는 인간, 그러나 언젠가는 흙으로 돌아가게 되는 인간. 그 존재를 인간이라고 말합니다. 사랑하고 고통을 나누는 존재, 이 특별한 존재를 인간이라고 부릅니다. 그러므로 어디에 있든지, 어떤 시간을 보내든지, 삶을 충일하게 경험하며 기쁘게 살아가시기를 바랍니다.

기도

하나님, 우리에게 주신 귀한 날을 기쁘게 살기를 원합니다. 기쁨으로 모든 일을 하면서, 우리에게 주신 유한한 시간을 채워 나가길 원합니다. 먼저 인간으로서 인간답게 살게 하시고, 생명이 다하는 그 날 주님께서 미리 준비해 주신 그 나라에 기쁨으로 이르게 하옵소서. 아멘.

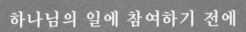

하나님의 일에 참여하기 전에

—

마태복음 4:1-11

공생애 시작 전,
예수님께서 시험받으신 이유는 무엇일까요?

　마태복음은 공적 사역으로 들어가시는 예수님의 삶을 아주 흥미롭게 묘사합니다. 세례 요한에게 세례를 받으신 후 성령께서 예수님을 광야로 몰고 가시며, 사탄에게 넘겨주시는 장면이 나옵니다. 시험을 받으신 후에야 예수님의 공적 사역이 시작되었다는 말씀입니다. 말씀을 읽으며 여러 가지 궁금증이 생깁니다. '어떻게 사탄이 예수님을 시험할 수 있단 말인가?', '예수님은 왜 공생애 시작 전 사탄으로부터 시험받으셔야만 하셨는가?' '만일에 예수님께서 사탄의 시험을 이기지 못하셨다면 공생애는 불가능했을까?' 하는 질문마저 생깁니다. 분명 예수님은 하나님의 아들이시고 능력 있으신 분이신데, 이미 인류를 구원하시기 위해 이 땅에 오신 분이신데 왜 예수님께서는 시험을 받으셔야만 했을까요?

질문을 보다 분명하게 해석하기 위해서 앞에 있는 또 다른 사건을 살펴볼 필요가 있습니다. 예수님께서 세례를 받으시고자 세례 요한에게 나타나셨을 때, 예수님을 본 그가 도리어 반문합니다. 그때 예수님께서는 모든 의를 이루기 위해서는 세례 요한이 세례를 주는 일이 마땅하다고 말씀하시며 세례를 받으셨습니다. 마태복음 3장 말씀입니다. "요한이 말려 이르되 내가 당신에게서 세례를 받아야 할 터인데 당신이 내게로 오시나이까 예수께서 대답하여 이르시되 이제 허락하라 우리가 이와 같이 하여 모든 의를 이루는 것이 합당하니라 하시니 이에 요한이 허락하는지라"(마 3:14-15).

사실 예수님께서는 세례를 받을 필요가 없으셨습니다. 세례를 받아야만 구원을 얻으시는 것도 아니고, 세례를 받아야만 사역을 하실 수 있는 것도 아니었습니다. 예수님에게 세례는 필수적인 요건이 될 수 없었습니다. 하나님의 아들이시기 때문이죠. 그럼에도 주님께서는 세례 요한을 통해 세례를 받으십니다. 그리고 "모든 의를 이루기 위함이다"라고 말씀하시죠.

같은 맥락에서 예수님이 사탄에게 끌려가 시험받으신 이유를 생각해 볼 수 있습니다. 예수님께서는 자신의 믿음을 사탄 앞에서 증명할 필요가 없으셨습니다. 더욱이 시험받을 이유도 없으셨죠. 그럼에도 모든 시험을 다 받으셨습니다. 도대체 예수님께서 "모든 의를 이루기 위함이다"라고 말씀하신 것은 어떤 의미일까요? 예수님께서 세례를 받으시고 사탄에게 시험받으신 후에 4장

12절 이후부터 공생애를 시작하시는 장면이 나옵니다. 그런 점에서 이 말씀은 앞으로 주님을 따라나설 사역자들이 어떤 점에서 자격을 갖추어야 하는지를 알려 준다고 생각할 수 있습니다.

신도들을 크게 두 가지 관점에서 분류할 수 있습니다. 첫 번째 부류는 세례 받은 신도입니다. 세례 받고 성도의 삶을 기쁨으로 살고 있는 분들입니다. 예수님께서 세례를 받으실 때 하늘로부터 하나님의 음성이 들렸습니다. "이는 내 사랑하는 아들 내가 기뻐하는 자로다." 세례 받은 성도 역시 예수님처럼 하나님의 보호하심을 받으며 기쁨의 삶을 살고 있는 존재들이라고 말할 수 있겠습니다. 또 다른 부류의 성도는 예수 그리스도의 사역을 시행하는 사역자입니다. 하나님의 부르심을 받아 일하는 일꾼들이죠. 이 땅에 오셔서 구원의 사역을 이루신 예수님처럼 이 땅에서 성도로서 예수 그리스도의 구원 사역에 동참하는 사람들입니다. 그러므로 이 말씀은 예수님을 따라서 사역을 감당하기로 나선 모든 사람들에게 주시는 것이라고 말할 수 있겠습니다. 사탄에게 몸소 시험당하시며 주님의 일을 감당하려는 오고 오는 세대들 가운데 어떻게 사탄의 유혹을 극복하실 수 있는지 보여 주신 예시적 사건인 것입니다. 바로 이것이 모든 의를 이루고자 하신 예수 그리스도의 의이기도 합니다.

예수님의 시험 사건을 통해 주님의 사역자로서 나아가는 분들이 갖추어야 할 덕목을 생각해 보고자 합니다. 직분이나 지위를 떠나 모든 그리스도인들에게 해당되는 말씀입니다. 주님의 일을 감당하는 모든 사람들에게 주시는 말씀입니다. 우리가 어떻게 일하고 어떻게 섬겨야 할지 발견하기 원합니다.

자신을 위해 능력을 사용하라는
사탄의 유혹을 예수님은 거부하셨습니다

그렇다면 예수님께서 어떤 시험들을 받으셨는지 살펴봅시다. 사탄의 첫 번째 시험입니다. "시험하는 자가 예수께 나아와서 이르되 네가 만일 하나님의 아들이어든 명하여 이 돌들로 떡덩이가 되게 하라"(마 4:3).

이 유혹이 예수님께는 상당히 매혹적이었을 것입니다. 당시 예수님께서는 40일 동안 금식하시며 주린 상태였기 때문입니다. 모든 인간과 똑같은 성정을 가지고 계셨기에 배가 매우 고픈 상황이셨습니다. 이를 틈타 사탄이 유혹합니다. "네가 하나님의 아들이거든 이 돌들로 떡이 되게 하라" 하나님의 아들인지 아닌지를 나타내라는 뜻이 아닙니다. 예수님께서는 이미 세례를 받으실 때 모든 사람들 앞에서 하나님의 아들이심을 보이셨기 때문입니다. 하나님의 자녀 됨은 하늘로부터 선포된 말씀이자 예수님 마음속에 들어 있던 자의식이기도 했습니다. 그러므로 사탄은 지금 예수님께 하나님의 아들임을 증명하라는 유혹을 던진 게 아닙니다. 오히려 네가 하나님의 아들이니 이 돌로 떡을 만들어 먹으리라는 유혹을 던진 것입니다.

　나아가서 과연 돌로 떡을 만들 수 있는지 증명해 보이라는 이야기도 아닙니다. 사탄은 예수님께 그와 같은 능력이 있음을 간파하고 있습니다. 예수님 또한 어떤 일도 해내실 수 있는 분이심을 스스로 알고 계셨습니다. 그걸 알면서도 예수님 자신을 위해 능력을 사용해 보길 유혹한 것입니다. 이것이 예수님을 향한 사탄의 첫 번째 시험이었습니다. "너는 하나님의 일을 하되 하나님께서 너에게 주신 능력과 권한과 권위를 너의 육체적인 욕구를 위해, 네가 원하는 것을 해소하기 위해 한 번 사용해 보라"는 유혹입니다.

　우리는 종종 세상에서 채우지 못한 명예욕을 채우기 위해서 하나님의 일을 하는 모습을 볼 때가 있습니다. 사람들에게 인정받지 못한 마음을 회복하고 존재감을 회복하기 위해서 하나님의 일을 감당하고자 합니다. 그러나 예수님의 태도는 분명합니다. "예수께서 대답하여 이르시되 기록되었으되 사람이 떡으로만 살 것이 아니요 하나님의 입으로부터 나오는 모든 말씀으로 살 것이라 하였느니라 하시니"(마 4:4).

　내가 원하는 것, 탐하는 것, 나의 욕망을 위해서 하나님이 주신 능력을 사용할 게 아니라 하나님의 뜻, 그분의 말씀을 이루어 내기 위해서 하나님의 일을 하신다는 말씀입니다. 세상적인 이익을 얻고자 하나님의 일을 해서는 안 된다는 가르침이기도 합니다. 사탄에게 받은 첫 번째 유혹을 통해 예수님은 이 사실을 분명하게 하셨습니다.

물론 예수님께서는 돌로 떡이 되게 할 수 있는 분이십니다. 우리는 그렇게 믿습니다. 그러나 예수님은 그렇게 하지 않으셨습니다. 자신을 위해서는 그렇게 하지 않으셨습니다. 오히려 다른 사람들을 위해서는 기적을 베풀어 주셨습니다. 물고기 2마리와 보리떡 5개를 가지고 오천 명을 먹이시는 기적을 보여 주셨습니다. 불쌍한 이들을 위해서는 주어진 권한과 능력을 발휘하셨지만 예수님 자신을 위해서는 사십 일 동안 굶으신 상황에서도 욕구를 채우는 일에 기적을 사용하지 않으셨습니다. 이와 같은 태도가 결국은 예수님으로 하여금 십자가를 온전하게 지시도록 만듭니다.

마태복음 27장에는 십자가를 지시는 예수님을 사람들이 유혹하는 장면이 등장합니다. "이르되 성전을 헐고 사흘에 짓는 자여 네가 만일 하나님의 아들이어든 자기를 구원하고 십자가에서 내려오라 하며"(마 27:40). 사람의 말을 통한 사탄의 유혹이었습니다. 십자가 위에 달려 있는 예수님 앞에서 "네가 하나님의 아들이거든 십자가로부터 탈출할 수 있는 능력이 있지 않느냐? 거기서부터 나와서 너 자신을 구원하라!"는 유혹이었습니다. 원하는 대로 행복하게 살고, 결혼도 하고, 재물도 얻고, 명예도 얻으면서 멋지게 살다가 가지 않겠느냐는 사탄의 유혹입니다. 그러나 예수님께서는 하나님의 뜻이 무엇인지를 분명하게 알고 계셨습니다. 십자가를 지는 일만이 하나님의 뜻을 온전하게 이루는 일임을 알고 계셨던 것입니다. 그리고 그 뜻에 순종하셨습니다. 진정한 사역자의 모습을 직접 보여 주신 것입니다. 말씀 앞에 순종하는 것, 하나님의 뜻에 순복하는 것, 이것이 사역자가 갖추어야 할 매우 중요한 덕목이라고 주님께서 말씀하십니다.

하나님의 일은
일상의 삶을 통해 이루어 가야 합니다

사탄의 두 번째 시험은 마태복음 4장 5절부터 6절에 걸쳐 나타납니다. "이에 마귀가 예수를 거룩한 성으로 데려다가 성전 꼭대기에 세우고 이르되 네가 만일 하나님의 아들이어든 뛰어내리라 기록되었으되 그가 너를 위하여 그의 사자들을 명하시리니 그들이 손으로 너를 받들어 발이 돌에 부딪치지 않게 하리로다 하였느니라"(마 4:5-6).

첫 번째로 사탄은 인간이 가진 가장 기본적인 본성에 호소하면서 그것을 채워 보라고 유혹했다면, 두 번째로는 성경 말씀을 들고 예수님을 시험합니다. 만일에 예수님께서 성전 위에 올라가서 떨어지신다면 말씀 그대로 하나님이 받쳐주신다고 말하며 하나님을 시험해 보도록 유혹합니다. 말씀을 가지고 유혹해 오는 사탄을 향해 예수님 또한 말씀을 가지고 응답하십니다. "주 너의 하나님을 시험하지 말라"(마 4:7).

두 번째 시험의 핵심은 이것입니다. 기적적인 능력을 통해 많은 사람들이 보는 앞에서 환대를 받고 영광을 누리며 예수님 자신을 영웅으로 만들라는 요구이자 유혹이었습니다. 물론 예수님은 수많은 기적을 보여 주셨습니다. 병을 고치시고 죽은 자를 살리시고 풍랑을 잔잔케 하셨습니다. 그렇지만 모든 기적들이 자신을 과시하기 위한 것이 아니었습니다. 자신을 위해서 하나님께 기적을 요청하지도 않으셨습니다. 그저 마지막에 "이 잔을 내게서 옮겨 주십시오"라고 간청했을 뿐입니다.

예수님은 단번에 기적으로 인간의 구세주가 되지 않으셨습니다. 인간과 동일하게 이 땅에 태어나서 자라나고 고난을 당하다가 십자가에 달려 죽으시는 경험을 하셨습니다. 이 모든 과정을 거쳐 가셨습니다. 십자가에 달려 돌아가시는 일이 인간으로서 겪을 수 있는 최대의 경험이기도 했습니다. 이 사실은 우리가 하나님의 일을 어떻게 해야 하는지 알려 줍니다. 하나님의 일은 기적이나 초자연적인 일을 통해 이루어지지 않습니다. 도리어 우리의 일상, 자연적인 삶을 통해서 이루어 가야 합니다. 그 가운데 주님의 사역자들이 가장 먼저 생각해야 할 것이 있다면 바로 상식과 질서입니다.

우리는 이 땅에 살면서 기적적인 경험들을 하지만 동시에 하나님께서 이미 세워 놓으신 법칙 가운데 삽니다. 자연 현상 안에 하나님의 뜻이 담겨 있습니다. 이 사실을 잊지 말아야 합니다. 기적을 통해서 이루어지는 일만이 하나님의 일이 아닙니다. 하나님은 우리 삶에 부분 부분을 통해서 역사하시고, 삶의 모든 과정을 통해서 자연스럽게 나타내 보이십니다. 그러므로 우리는 기적을 통해서만 하나님의 일을 하려 해서는 안 됩니다. 예수님께서는 자신을 구세주로 증명하시기 위해 어떠한 일도 하지 않으셨습니다. 성전에서 뛰어 내리지도 않으셨고 또 다른 어떤 기적을 만들어 내지도 않으셨습니다. 인간과 똑같은 굴레의 삶을 사시다가 십자가에서 죽임당하셨습니다. 그런데 한 가지 놀라운 기적을 이루어 내셨습니다. 하나님께서 예수님을 죽은 자들 가운데서 사흘 만에 살려내신 것입니다. 예수 그리스도께서 죽음에서 부활하신 놀라운 기적 하나만으로도 우리는 이미 충분합니다.

마태복음 16장을 보면 바리새인과 사두개인들이 예수님을 시험하는 장면이 나옵니다. 예수님께 나와서 표적을 보여 달라 말하죠. 그때에 예수님께서 이렇게 대답하십니다. "예수께서 대답하여 이르시되 너희가 저녁에 하늘이 붉으면 날이 좋겠다 하고 아침에 하늘이 붉고 흐리면 오늘은 날이 궂겠다 하나니 너희가 날씨는 분별할 줄 알면서 시대의 표적은 분별할 수 없느냐"(마 16:2-3).

날씨를 보면서 예측할 수 있듯이 자연적인 것, 상식적인 것을 통해서도 얼마든지 하나님의 표적을 보고 느낄 수 있다는 예수님의 말씀입니다. 그리고 이어서 말씀하시죠. "악하고 음란한 세대가 표적을 구하나 요나의 표적 밖에는 보여 줄 표적이 없느니라 하시고 그들을 떠나 가시니라"(마 16:4).

요나의 표적이란 어떤 것입니까? 큰 물고기의 뱃속에 삼켜졌다가 사흘 만에 살아난 기적이 아닙니까? 그런데 예수님께서는 요나의 표적만을 언급하시며 이후 부활의 기적을 보여 주셨습니다. 그러니 이것만으로도 우리는 충분합니다. 물론 병에 걸려 어려움 속에 있는 분들이 하나님께 기적을 간구하는 일은 당연합니다. 하나님께서도 우리에게 그와 같은 기적을 베풀어 주십니다. 하지만 우리가 하나님의 일을 할 때, 교회의 일을 할 때에는 이 땅에 세워 놓으신 하나님의 법칙과 상식을 따라 살아가야 합니다. 이것으로 충분합니다. 하나님께서는 우리에게 부활의 기적을 선물로 주셨고, 그것을 소망으로 주셨기 때문입니다.

하나님의 일은
선한 방법을 통해 이루어 가야 합니다

사탄의 세 번째 시험입니다. "마귀가 또 그를 데리고 지극히 높은 산으로 가서 천하 만국과 그 영광을 보여 이르되 만일 내게 엎드려 경배하면 이 모든 것을 네게 주리라"(마 4:8-9).

사탄이 마지막으로 예수님께 요청한 것은 이런 내용이었습니다. 만국이 보이는 땅에 예수님을 데리고 가서 자신에게 절한다면 모든 땅을 주겠다는 이야기였습니다. 마치 이 땅의 지배자인양 사탄은 허세를 부리고 있습니다. 그러나 그는 제한된 범위 안에서만 권세를 실현할 수 있는 흑암의 세력일 뿐입니다. 결국엔 형벌을 받을 불법적인 세상의 침입자에 불과한 존재죠. 그럼에도 마귀는 예수님을 유혹합니다. "나에게 절을 한다면 너에게 모든 것을 주겠다." 다시 말해 사탄인 그에게 절하기만 한다면 세상의 왕이 되는 일은 쉽게 이루어질 수 있다는 속삭임이었습니다. 공생애를 시작하기 전 예수님을 향한 "왜 꼭 십자가에 달려 죽어야만 하는가, 나에게 절하기만 한다면 세상을 온전히 너에게 줄 수 있다"는 유혹이었습니다.

우리는 종종 하나님의 일을 하면서 방법에 대해서는 별로 생각하지 않는 경우가 있습니다. 좋은 목적에만 도달하면 된다는 관점으로 불법을 사용하기도 하고, 잘못된 방식을 적용하는 경우들도 상당합니다. 그런데 그것은 마치 사탄에게 절함으로써 온 세상을 얻으려는 것과도 같습니다. 목적이 분명하고 선하다면 방법 또한 분명하고 선해야 합니다. 하나님의 방식을 따라 해내야 하는 것입니다.

하나님은 예수님의 모범을 통해서 새로운 사역을 시작하려는 이들이 갖추어야 할 덕목을 말씀해 주십니다. 첫째로 주님의 사역을 감당하려는 사람은 자신을 위해 일하지 않아야 합니다. 자신의 명예와 욕구를 충족하는 일에 권력과 능력을 사용하지 않아야 합니다. 둘째로 주님의 사역을 감당하려는 사람은 영웅적인 방식으로 일하지 않습니다. 기적도 필요하지만 상식과 질서도 중요합니다. 하나님께서 만들어 놓으신 자연의 질서 역시 하나님의 뜻이 담겨 있는 교과서입니다. 이 사실을 인정하며 상식적이고 이치에 맞게 하나님의 일을 해야 합니다. 셋째로 주님의 사역을 감당하려는 사람은 방법과 방식에 대해 늘 깊이 고민해야 합니다. 이것이 정말 하나님을 예배하는 일인가, 하나님께 영광을 돌리는 방법인가를 물어야 합니다. 어떤 방식으로든 어떤 방법으로든 사탄에게 절해서라도 목적만 이루면 된다는 생각은 하나님의 사람이 가져야 할 태도가 결코 아닙니다. 하나님께 영광을 돌리는 방법을 찾아 나갈 때 하나님의 사역은 진정 올바르게 이루어질 수 있습니다.

코로나19를 비롯해 우리는 여전히 여러 위기 가운데 있습니다. 그럼에도 주님께서는 오늘도 사역자들을 부르고 계십니다. 어떤 사역자가 되고 싶으십니까? 예수 그리스도의 시험 사건을 통해서 주님께서 주시는 말씀이 우리 안에 머물기를 바랍니다. 참된 사역, 올바른 사역을 통해 한국교회가 바르게 설 수 있기를 간절히 소망합니다.

기도

하나님, 우리를 부르시어 주님의 자녀로 삼아 주시고, 귀한 일꾼으로 부르심에 감사합니다. 우리가 어떤 일꾼이 되어야 할지 말씀을 붙잡고 하나님의 영광을 위하여 일하는 바르고 멋진 하나님의 사람들이 되게 하여 주시옵소서. 아멘.

모두에게 주어진 '유한한 오늘'

마태복음 25:14-19, 24-30

달란트 비유의 핵심은
받은 달란트의 차이가 아니라 '시간'입니다

달란트 비유는 예수님을 믿지 않는 사람들에게도 익히 알려진 말씀으로 많은 사람들에게 영감과 교훈을 주고 있습니다. 누가복음 19장에 기록된 므나의 비유가 같은 내용을 다루고는 있지만, 달란트라는 단위를 사용하는 비유는 이곳 마태복음에만 나옵니다. 사실 이 비유는 대림절에 적절한 말씀입니다. 왜냐하면 마태복음 25장 전체가 하나님의 나라를 기다리는 종말론적인 내용을 다루기 때문입니다. 마태복음은 총 28장으로 구성되어 있는데, 26-28장까지는 수난당하시고 십자가에 달려 돌아가신 이후 부활하시는 예수님의 생애가 담겨 있습니다. 그러므로 사실상 예수님의 강론은 마태복음 25장에서 마무리된다고 할 수 있겠습니다.

마태복음 25장에는 크게 세 가지 비유가 나옵니다. 첫째는 기름을 준비한 슬기로운 처녀와 준비하지 못한 어리석은 처녀의 비유입니다. 25장 1-13절까지 소개되고 있죠. 이어서 달란트 비유가 14-30절에 걸쳐 등장합니다. 그리고 31절부터 마지막 절인 46절까지는 예수님께서 이 땅에 다시 오셔서 양과 염소를 나누시듯 사람들을 좌우로 나누시고 심판하시는 내용이 담겨 있습니다. 세 가지 비유 중에서 앞뒤에 놓인 두 비유는 마지막 순간에 과연 어떤 일이 일어날지를 알려 주면서 예수님이 다시 오시는 날을 준비하도록 합니다. 슬기로운 처녀와 어리석은 처녀 비유에서는 신랑인 예수님이 오시는 날 준비된 사람과 준비되어 있지 않은 사람이 나뉘고 있죠. 양과 염소를 나누는 비유 역시 심판하시는 예수님의 모습을 통해 우리에게 심판 앞에 깨어 있는지 질문합니다. 이렇듯 두 비유는 전반적으로 '깨어 있어야 한다', '준비하고 있어야 한다'는 경고를 전한다고 할 수 있겠습니다.

두 비유 사이에 이 달란트 비유가 있습니다. 이 비유 역시 주인이 돌아오는 날을 중요하고도 결정적인 날로 묘사합니다. 그러나 흥미롭게도 달란트 비유에서는 주인이 달란트를 맡기고 떠나는 시점과 다시 돌아오는 시점이 존재하며 그 사이의 시간을 우리에게 보여 줍니다. 다시 말해 달란트 비유는 주인이 달란트를 맡기고 떠난 이후부터 돌아와서 종들과 결산하는 시간까지, 그 중간의 시간을 어떻게 슬기롭게 보낼 지에 관한 이야기로 구성되어 있습니다.

어릴 적 달란트의 비유를 읽으면서 생각한 것이 있었습니다. 다섯 달란트 받은 사람이 열심히 일해 다섯 달란트를 남기고, 두 달란트 받은 사람이 또 열심히 일해서 두 달란트를 남겼다는 이야기를 보면서 '당연한 게 아닌가? 다섯 달란트 받은 사람은 주인에게 신임을 얻었으니 일할 맛이 나지 않았겠는가? 다섯 달란트만큼은 아니지만 두 달란트 받은 사람 역시 한 달란트보다는 많이 받았으니 의욕적으로 일할 수 있지 않았겠는가?' 생각하곤 했습니다. 그러면서 한 달란트 받은 사람에게 과연 일할 의욕이 있었을지 의문을 가졌습니다. 주인에게 제대로 평가받지 못한 사람이 일할 맛이 났겠습니까? 주인이 올 때 본전이라도 드려야겠다는 마음으로 땅에 묻었다가 돌려 드린 게 어쩌면 당연해 보이기도 합니다.

이런 관점으로 달란트 비유를 읽다 보면 완전하지 않은 이야기처럼 들리기도 하고, 불공평해 보이기도 합니다. 어떤 사람에게는 다섯 달란트를, 어떤 사람에게는 두 달란트를, 어떤 자에게는 한 달란트를 주고서는 똑같은 반응을 보이라는 것 자체가 모순이기 때문입니다. 하지만 이 말씀의 의미는 차별성에 있지 않습니다. 달란트를 얼마나 받았느냐에 따른 구별이 핵심이 아니라는 말씀입니다. 다섯과 둘, 그리고 하나라는 차별에 눈길을 둔다면 우리는 이 비유의 가장 중요한 의미를 놓칠 수 있습니다.

물론 모두가 받은 달란트는 서로 다릅니다. 하지만 그들 모두 공평하게 받은 한 가지가 있습니다. 바로 '시간'입니다. 그들은 주인이 달란트를 맡기고 떠난 시점부터 주인이 돌아오는 시점까지의 시간을 공평하게 기회로 받았습니다. 이것이 달란트 비유의 핵심입니다.

하나님의 일을 위한
동일한 기회가 주어졌습니다

마태복음 25장은 이렇게 시작됩니다. "그 때에 천국은 마치 등을 들고 신랑을 맞으러 나간 열 처녀와 같다 하리니"(마 25:1). 그리고는 천국에 대한 비유가 소개된 이후 달란트 비유가 시작됩니다. "또 어떤 사람이 타국에 갈 때 그 종들을 불러 자기 소유를 맡김과 같으니"(마 25:14).

여기서 우리는 한 가지 단어가 생략되어 있다고 생각할 수 있습니다. 25장 1절에 소개된 '천국은 마치'라는 표현입니다. 예수님께서 천국을 말씀하시면서 열 처녀의 비유를 드셨고, 다시 천국을 이야기하시면서 달란트 비유를 말씀하고 계십니다. 그러니까 14절 말씀을 이렇게도 해석할 수 있습니다. "하늘나라는 어떤 사람이 타국에 갈 때 그 종들을 불러 자기 소유를 맡김과 같다." 즉 하늘나라, 천국은 어떤 사람이 타국에 들어갈 때 종들을 불러 소유를 맡기는 그 순간부터 이미 시작된다는 말씀입니다. 열 처녀의 비유에서는 신랑이 돌아오는 시점이 하나님의 나라가 도래하는 시점이라면, 마찬가지로 양과 염소 비유도 인자가 하늘에서부터 내려오는 시점에 하나님의 나라가 이루어지는 것으로 묘사됩니다. 그런데 달란트의 비유에서는 주인이 종들에게서 떠나는 순간부터 하나님의 나라가 시작됩니다.

이런 면에서 달란트 비유는 마태복음 25장에 나오는 다른 비유와 차별성을 가집니다. 독일 성서공회가 발간한 독일어 관주 성경은 달란트의 비유를 유예된 시간의 관점에서 해석하기도 합니다.

"앞의 비유들이 종말을 앞두고 깨어 있으라든가, 준비하고 있으라든가 하는 경고를 내용으로 하는 것과는 달리 여기(달란트 비유)서는 그때까지 남아 있는 시간을 슬기롭게 이용할 것을 요구한다. 하나님의 다스림이 선포되고 이미 시작되었다는 견지에서 지금 여기서 하나님의 다스림에 걸맞은 것과 하나님의 다스림으로부터 가능한 것을 행하는 것이 중요하다. 이것을 위하여 각자는 하나님이 예수 그리스도를 통하여 성령 안에서 나누어 주신 재능을 가지고 일해야 한다"(《관주·해설 성경전서 개역개정판》, 아가페출판사, p. 43-44).

달란트의 비유에서 우리가 가장 중요하게 보아야 할 부분은 '시간'입니다. 하나님께서 우리에게 시간을 주셨습니다. 물론 인간의 현실이 고려되어 있습니다. 어떤 사람에게는 다섯 달란트의 재능을 주셨고, 어떤 사람에게는 두 달란트의 재능을 주셨고, 어떤 사람에게는 한 달란트의 재능을 주셨습니다. 이것이 현실입니다.

우리 모두가 똑같은 건강을 갖고 있는 건 아니지 않습니까? 건강이 다르고, 체격이 다르고, 환경이 다르고, 태어난 국가가 다르듯이 우리 모두는 동일한 조건에서 나지 않았습니다. 이것이 인간의 현실입니다. 다섯 달란트, 두 달란트, 한 달란트는 이러한 우리의 현실을 반영합니다. 그러므로 이것은 차별이기보다는 현실입니다. 앞에 소개한 독일어 관주 성경은 이러한 해석을 덧붙입니다.

"그러나 타고난 재능이 적다고 핑계를 대거나 재능이 부족하다고 불평하면서 결국 아무 일도 하지 않거나 아무런 모험도 하지 않거나 아마도 또한 손가락 하나도 더럽히지 않을 요량으로 진력하기를 거부하는 사람은 비참한 운명에 처해질 것이다"(p. 44).

한마디로 시간의 관점에서 보지 않고, 공평하게 주신 기회의 관점에서 보지 않고, 주인이 남긴 달란트의 크기에 연연하며 불평해하는 일은 지혜로운 삶이 아니라는 말씀입니다.

우리는 하나님의 나라를 위해 심고 가꾸어야 합니다

여기에 한 달란트를 받은 종의 첫 번째 오해가 있습니다. 그것은 '내가 적게 받았으니 불공평하다'는 생각입니다. 바꾸어 표현하자면 '하나님은 나를 사랑하시지 않는다'는 착각입니다. 남들이 가진 달란트의 크기에만 모든 관심을 집중하며 정작 자신이 가진 것은 불만스러워하는 삶입니다.

우리는 모두 다른 환경 속에서 살아갑니다. 어떤 사람은 재물이 많고 어떤 사람은 권력이 있고 어떤 사람은 젊음이 있고 어떤 사람은 여성입니다. 남의 것을 보면서 부족하다고 불평할 필요가 없습니다. 하나님은 모두를 다양하게 만드셨고 각자에게 달란트를 선물로 주셨습니다. 그 달란트는 한결같이 하나님의 선물입니다. 하나님께서 우리에게 맡겨 주신 것입니다. 한 달란트 역시 종이 스스로 만들어 내지 않았습니다. 두 달란트를 받은 사람도, 다섯 달란트를 받은 사람도 그러합니다. 크든 작든 모두가 하나님의 선물을 받은 자들입니다.

그러므로 우리의 관심은 '얼마나 받았는가'가 아닙니다. 그것은 하나님의 영역입니다. 우리의 영역은 다섯인지, 둘인지, 하나인지가 아니라 우리에게 주어진 '시간'입니다. 주어진 시간만큼은 우리의 것이고, 그 시간만큼이 책임이 됩니다. 작으면 작은 대로 크면 큰 대로 주님께서 주신 것을 가지고 모두에게 일할 시간이 공평하게 주어졌습니다. 주인이 오셔서 다시 계산하시는 그날까지 시간이 주어졌습니다. 올 한 해도 그렇습니다. 하나님께서 선물로 주시는 한 해를 우리가 받습니다. 그렇다면 이 시간 속에서 우리는 무엇을 해야 하는가? 무엇을 남길 것인가? 이것이 우리 몫입니다.

그러나 한 달란트 받은 종은 받은 달란트를 몽땅 묻어 두고는 아무 일도 하지 않았습니다. 달란트를 땅에 묻은 순간부터 시간은 멈추어 섰습니다. 시간을 낭비한 셈입니다. 주어진 기회를 놓친 것입니다. 그러므로 주인이 돌아왔을 때 종을 나무라면서 말하지요. "차라리 돈을 취리하는 자들에게 맡겨서 내가 돌아올 때 원금과 이자라도 받게 했어야 할 것 아니냐?" 이자라는 개념이 시간의 개념으로 다가오고 있습니다. "네가 하지 않는다면 누구에게라도 맡겨서 시간의 의미를 만들어 내야 하지 않았겠느냐"는 지적으로도 들립니다. 그렇습니다. 종은 결국 시간을 놓치고 말았습니다.

한 달란트 받은 종의 오해는 또 있습니다. 25장 24절 전반부에 나타납니다. "한 달란트 받았던 자는 와서 이르되 주인이여 당신은 굳은 사람이라"(마 25:24 중). 본 구절에 '굳은 사람'이라는 표현이 있습니다. 종이 주인을 향해 당신은 굳은 사람이라고 말합니다. 헬라어 '스켈로스'(σκληρός, skléros)는 '완고하다', '고집 세다', '굽히지 않는다', '건조하다'는 의미를 가집니다. 이 비유가 하늘나라에 대한 비유라는 사실을 기억한다면 이 뜻이 어느 정도 짐작되실 겁니다. 종은 지금 하나님을 향하여서 "당신은 고집 센 분입니다. 완고한 분입니다. 거친 분입니다"라고 이야기합니다. 그에게 주인은 그런 분이었습니다. 고집 세고, 변화가 없고, 완고하고, 절대로 손해 보지 않는 분으로 여기고 있습니다.

그러나 이것이 바로 한 달란트 받은 종의 오해였습니다. 완고한 주인이기에 혹시나 일을 잘못 벌였다가 큰일이 날까 걱정한 것입니다. 25절을 보면 '그가 두려워하였다'는 표현이 나옵니다. 즉 주인을 향해 가진 오해가 결국 그로 하여금 달란트를 땅에 묻도록 합니다. 어쩌면 '비록 이익은 내지 못했지만 한 달란트라는 본전은 건졌으니 중간은 한 게 아닐까' 안심하며 선을 지키려고 했을지도 모릅니다. 하지만 주인의 생각은 달랐습니다. 주인은 재물의 가치를 높이거나 이윤을 창출하기 위해서 종에게 달란트를 맡긴 것이 아니었습니다. 주인에게는 주인의 일에 종들이 동참할 기회를 주시려는 뜻이 있었습니다. 그 뜻이 없었더라면 이자를 주는 사람에게 돈을 맡겼겠지요. 그리고 돌아오는 날에 원금과 함께 이자를 받으려고 했을 것입니다. 그러나 주인은 그렇게 하지 않았습니다. 종들에게 일부분씩, 다섯 달란트, 두 달란트, 한 달란트를 나누어 주면서 자신의 사업에 동참해 달라고 제안합니다. 이것이 다섯 달란트, 두 달란트, 한 달란트의 의미입니다.

한 달란트 받은 종은 악한 종이 되고 맙니다. 자신에게 맡겨진 일을 감당해 내지 않았기 때문입니다. 주인은 달란트를 맡김으로써 그의 일에 종이 참여하도록 기회를 주었지만 종은 동업자가 되지 않았습니다. 명예롭고 귀한 일을 해내지 못했습니다.

한 달란트 받은 종의 세 번째 오해는 이것입니다. "한 달란트 받았던 자는 와서 이르되 주인이여 당신은 굳은 사람이라 심지 않은 데서 거두고 헤치지 않은 데서 모으는 줄을 내가 알았으므로"(마 25:24). 매우 중요한 문장이 나옵니다. 종이 판단합니다. "주인, 당신은 심지 않은 데서 거두시는 분이십니다. 헤치지 않는 데서 모으시는 분이십니다." 이 말의 의미는 무엇입니까? 두 가지로 해석할 수 있겠습니다. "주인, 당신은 인색한 분이십니다"라는 해석과, 반대로 "심지 않고도 거둘 수 있는 능력 있는 분 아니십니까? 내가 버는 한 달란트 정도는 아무것도 아닌 분 아니십니까?"라고도 해석될 수 있습니다.

두 가지 모두 종의 오해입니다. '심지 않은 데서 거둔다'는 생각부터 살펴봅시다. 우리는 인생을 살면서 일확천금을 꿈꿀 때가 많습니다. 일하지 않고 돈을 버는 방법을 찾기도 합니다. 심지 않고 많이 거두는 방법을 찾을 때가 있습니다. 이러한 관점은 전능하신 하나님의 일을 할 때 더욱더 두드러질 수 있습니다. '전능하신 하나님이시니까 심지 않아도 거두시지, 하나님께서 함께하신다면 과정이 없어도 당연히 결과가 나올 수 있지, 이것이 믿음이지'라는 생각으로 발전할 수 있다는 말씀입니다.

그러나 달란트 비유가 알려 주는 교훈은 정반대입니다. 우리가 하나님의 나라를 세우려고 할 때, 우리가 받은 달란트를 가지고 이윤을 얻고자 할 때, 우리는 반드시 심어야 하고 가꾸어야 한다는 사실입니다. "전능하신 하나님이시니 과정이 없어도 괜찮다. 씨를 뿌리지 않아도 거둘 수 있게 하신다. 하나님께서 모든 것을 다 해내실 것이다"는 관점은 때로는 큰 믿음처럼 보이지만 실제로는 주인의 큰 진노를 사는 어리석은 믿음일 뿐입니다. 이것을 깨닫는 일이 중요합니다. 그러므로 하나님께서 원하시는 귀한 사역을 감당할 때 우리는 씨를 심고 가꾸어야 합니다. 이것이 하나님과의 동역입니다.

우리에게 주어진 '오늘'을 살며
하나님의 일에 동참해야 합니다

정리해 봅니다. 달란트의 크기를 보느라 하나님께서 주신 시간을 놓치지 않으시길 바랍니다. 누가 얼마나 많이 가지고 있는지 바라보면서 부러워하는 사이, 우리 자신에게 주어진 시간이 날아가고 있음을 꼭 기억하시길 바랍니다. 고집 세고 굳은 분으로 하나님을 생각하지 맙시다. 늘 창조적이신 하나님과 함께하는 사역을 꿈꿔 봅시다. 하나님은 고착되고 완고하신 분이 아니십니다. 우리를 날마다 새롭게 이끌어 주시며 창조적인 일을 만들어 가시는 분이십니다. 우리가 기대를 가지고 무언가를 해 나갈 때, 하나님께서 함께해 주심으로 멋진 열매를 얻게 하실 것입니다.

마지막으로 세상뿐 아니라 하늘나라 역시 심는 자가 거둔다는 원리가 작용된다는 점을 기억합시다. 하나님은 심지 않고 거두시는 분이 아닙니다. 이른 봄에 눈물을 흘리며 씨를 뿌리는 자가 가을에 풍성한 열매를 거둡니다. 이 법은 영원합니다. 하나님의 뜻을 담은 불고의 법입니다. 선을 심는 자는 선으로 거둡니다. 하나님의 나라를 심는 자는 하나님의 나라를 보게 될 것입니다. 눈물로 씨를 뿌리는 자는 기쁨으로 단을 거둘 것입니다. 그러나 심지 않은 사람은 거둘 수 없습니다. 우리는 이 진리를 반드시 마음에 새겨야 합니다.

우리에게 주신 시간을 다시 한 번 세어 보기를 바랍니다. 무엇을 심고 거둘지 결단하면 좋겠습니다. 루터가 말하고 스피노자가 인용한 글귀, "나는 내일 세상의 마지막이 올지라도 한 그루의 사과나무를 심겠다"는 삶의 자세가 우리에게도 필요합니다. 끝까지 하나님의 나라를 심어 하늘나라를 거두는 모두가 되기를 우리 주님은 오늘도 바라고 계십니다.

기도

하나님, 오늘도 새 시간을 주시니 감사합니다. 얼마나 큰 것을 가지고 있는지 깨달아 비교와 불평을 그치고, 하나님께서 동일하게 주신 시간을 귀하게 여기며 날마다 씨를 뿌리게 하시고 밭을 거두게 하여 주시옵소서. 늘 새로운 창조를 하시는 하나님을 닮게 하옵소서. 아멘.

오늘을 사는 힘, 하나님의 약속

—

창세기 12:1-4

불투명한 미래를 주목할 때
우리는 낙심합니다

　한 부모님이 간절히 부탁하셔서 그분의 자녀를 상담한 적이 있습니다. 정말 똑똑하고 무엇이든지 할 수 있는 능력을 가진 학생이었습니다. 그런데 아쉽게도 심한 걱정과 우울증에 깊이 빠져 든 상태였습니다. 고민이 많아지니 공부는 안 되고, 구체적인 동기 부여가 없으니 결과도 좋지 않았습니다. 이야기를 나누다 보니 이 친구가 가진 고민들을 알 수 있었습니다. '이 정도의 대학을 나와서 과연 생존할 수 있을까?', '내 전공이 가치 있는 걸까?', '주위에 똑똑한 사람들이 너무도 많은데 경쟁에서 살아남을 수는 있을까?', '좋은 회사로의 취직, 결혼, 출산은 가능할까?' 수많은 고민을 하고 있었습니다. 한마디로 그 아이는 인생의 설계도를 제대로 그릴 수 없어 불안해하는 상황이었습니다. 능력이 없어서가 아니었습니다.

막연한 앞날, 깜깜하게만 느껴지는 불투명한 미래 때문이었습니다. 학생이 가진 또 다른 부담은 '아무리 성공해도 부모님처럼 될 수 없다'는 두려움이었습니다. 이 두려움이 그를 주눅 들게 만들었습니다. 아마 자녀들 중에도 비슷한 고민을 하는 친구들이 있을 줄 압니다.

부동산 가격이 하루가 다르게 치솟을 때면, 이때가 마지막 기회라고 생각하는 젊은이들이 영혼까지 끌어들여 집을 산다고 합니다. 줄여서 '영끌'이라고도 합니다. 대출 가능한 한도는 모두 끌어들여서 집을 산다는 의미입니다. 이들의 마음에서 생각해 볼까요? 서울 집값의 평균이 10억 정도라고 합니다. 만일 평균 연봉이 5,000만원이라고 할 때, 20년 동안 한 푼도 쓰지 않고 모아야 서울에서 집 한 채를 살 수 있을 정도입니다. 심지어 강남도 아니고, 서울 어느 지역의 집 한 채 사는 데 드는 액수입니다. 그러니 젊은이들의 마음이 어떻겠습니까? 그들이 의욕을 잃는 건 당연한 일일지도 모릅니다. 어찌 젊은이들만 그렇겠습니까? 사업을 하는 분들도 마찬가지일 것입니다. 가능성을 열심히 찾고 계산해 보지만, 끝내는 사업을 이어 갈 수 없다고 결정하는 분들도 계십니다. 이러한 판단이 수학적이고 경제적인 방식이라고 해서 잘못되었다고 말할 수는 없습니다. 우리의 마음이 갑갑해져만 가고, 어려워 질 수밖에 없는 게 현실입니다.

요즈음 젊은 세대들의 멘탈이 약해질 수밖에 없는 이유입니다.

오늘의 상황을 너무도 잘 알기 때문입니다. 여기에는 우리 주위에 넘쳐나는 정보들의 영향도 있다고 판단됩니다. 그러니 자연스레 40대가 되고 50대가 되어도 좀처럼 희망은 보이지 않고, 60대가 되면 나이가 들었다는 이유로 더 어려워진 미래를 예견하는 게 우리의 현실입니다. 계산해 보아도 답이 나오지 않는 상태, 이것이 우리 인생이 아닐까요?

인생의 참된 설계는
하나님을 믿고 따를 때에 시작됩니다

그렇다면 우리의 미래에는 아무런 희망이 없을까요? 미래에 대해 우리는 어떤 소망도 가질 수 없습니까? 사회는 어떻습니까? 우리가 계산하고 판단한 대로 이루어졌나요? 우리 사회가 이토록 닫힌 공간입니까? 전염병이 우리를 이렇게까지 어렵게 하리라고 생각한 사람이 있었습니까? 예배당 문이 닫히리라고 생각했던 사람은 우리 중에 아무도 없었을 것입니다. 코로나19로 인해 초유의 사태를 경험하면서 우리는 어찌할 바를 몰라 했습니다. 동시에 새로운 사실을 알게 되었습니다. 우리가 경험하는 모든 상황은 결코 닫힌 상태가 아니라는 사실 말입니다. 우리는 열린 공간을 살아가고 있습니다.

그럼에도 우리는 닫힌 공간을 살아가듯 고민합니다. '이렇게 살다가는 어떻게 되는 거지?' 염려하며, 꼼짝달싹하지 못합니다. 그런데 인생의 길을 다 안다고 하면 살맛이 날까요? 이때쯤이면 아프고, 그때가 되면 고통을 당한다는 등 인생의 이야기를 다 알고 출발한다면 기분이 어떨까요? 아마도 우울증에 걸려 더 이상 살고 싶지 않을 듯도 합니다. 이게 현대인들의 모습이라는 사실이 안타깝습니다. 인생을 이미 다 안다는 듯 미리 실망하고 우울해 하고 절망하는 모습이 참으로 속상할 뿐입니다.

사도행전 9장은 다메섹으로 올라가던 바울이 예수 그리스도를 만난 사건을 기록하고 있습니다. 예수 그리스도와의 만남을 통해 바울은 박해자에서 복음 전파자로 변화됩니다. 다메섹 성에서 복음을 전할 때에 유대인들이 그를 죽이려고 달려들었지만 제자들이 바구니에 달아 구해 주었습니다. 루스드라에서도 동일합니다. 그곳에서 발을 못 쓰는 사람을 치유해 주었을 때, 안디옥과 이고니온에서 온 유대인들이 무리를 충동하여 바울을 죽이고자 달려들었습니다. 그들이 바울을 얼마나 심하게 때렸는지, 당시의 상황을 두고 성경은 무리가 바울이 죽은 줄로 알고 시외로 끌어 내쳤다고 전하기도 합니다(행 14:19).

빌립보에서는 어땠습니까? 바울이 점치는 여종의 귀신을 쫓아내자 여종의 주인들이 찾아와서는 그의 옷을 찢어 벗기고 매로 치며, 심지어는 감옥에 가두기까지 했습니다(행 16:22). 베뢰아에서는 전도 중에 데살로니가의 유대인들이 그를 잡으러 오자 아덴으로 도망가기도 합니다(행 17:13-15). 아덴에 이어 고린도에서는 전도를 하다가 법정에 끌려가서 재판을 받기도 했습니다(행 18:11-16). 우여곡절 끝에 예루살렘에 돌아온 바울이었지만, 성전에 있던 그를 본 아시아의 유대인들이 모함을 일으킵니다(행 21:27-32). 사도행전 23장은 바울을 죽이기로 맹세하며 먹지도 마시지도 않았던 사람들이 무려 40명이었다고도 기록합니다. 끊임없는 위험 속에서 바울은 결국 로마로 압송되었고, 순교하게 됩니다.

바울은 자신의 여정을 다음과 같이 회고합니다. "나는 수고도 더 많이 하고, 감옥살이도 더 많이 하고, 매도 더 많이 맞고, 여러 번 죽을 뻔하였습니다. 유대 사람들에게서 마흔에서 하나를 뺀 매를 맞은 것이 다섯 번이요, 채찍으로 맞은 것이 세 번이요, 돌로 맞은 것이 한 번이요, 파선을 당한 것이 세 번이요, 밤낮 꼬박 하루를 망망한 바다를 떠다녔습니다. 자주 여행하는 동안에는, 강물의 위험과 강도의 위험과 동족의 위험과 이방 사람의 위험과 도시의 위험과 광야의 위험과 바다의 위험과 거짓 형제의 위험을 당하였습니다. 수고와 고역에 시달리고, 여러 번 밤을 지새우고, 주리고, 목마르고, 여러 번 굶고, 추위에 떨고, 헐벗었습니다"(고후 11:23-27, 새번역성경).

자신이 걸어가야 할 길을 미리 알았다면 바울이 이토록 과감할 수 있었을까요? 처음부터 삶의 여정을 알았다면 살맛이 나지 않았을지도 모릅니다. 어쩌면 바울도 우울증에 걸려서 아무 일도 하지 않고, 집에만 머물고 있었을지도 모르겠습니다. 바울은 그저 하루하루를 살아냈습니다. 하나님께서 이끄시는 대로 그날그날을 견뎌냈습니다. 하나님께서 주시는 마음을 따라 발을 움직였습니다. 때로는 자신이 원하던 바가 막히는 순간도 있었습니다. 아시아로 가고 싶던 바울이었지만 하나님께서는 그의 길을 막으시고는 마게도냐로 먼저 보내셨습니다. 그가 가는 길목에서 하나님께서는 실라와 디모데, 브리스길라와 아굴라 부부를 만나게 하셨습니다. 바나바의 도움을 얻게도 하셨고, 적절한 시기에 그와 헤어지게도 하셨습니다. 모든 예산을 세워 놓은 후에야 전도 여행을 시작한 것도 아닙니다. 돈이 부족하면 텐트 만드는 일을 하면서 연명했고, 교회로부터 재정적인 지원을 받으면 전도 여행에 몰입하기도 했습니다. 한 지역에서 쫓겨나면 다른 지역으로 이동하는 일을 반복하며, 복음 전파에 계속해서 힘썼습니다. 그렇게 바울의 삶의 여정에 열매가 맺히기 시작합니다. 안디옥 교회, 빌립보 교회, 데살로니가 교회, 베뢰아 교회, 고린도 교회, 에베소 교회, 골로새 교회, 그리고 로마 교회가 세워졌습니다. 이것이 바울의 여정입니다.

우리는 때로 인생을 너무 많이 혹은 깊이 생각해서 용기를 내지 못할 때가 많습니다. 주저하게 될 수밖에 없는 것이죠. 멀리서 내 인생을 바라보며 두려워하다 보니 정작 아무 일도 하지 못하곤 합니다. 그러나 바울은 그렇게 살지 않았습니다. 멀리서 자신의 삶을 관조하고만 있지 않았다는 것입니다. 예수 그리스도를 만난 이후 그는 하나님께서 주시는 마음을 따라 움직이기 시작했습니다. 열정을 가지고 복음을 전파하다가 매를 맞기도 하고, 도망도 다니면서 발걸음을 옮겼습니다. 그가 머물렀던 자리마다 교회가 설립되고 아름다운 열매가 맺혔습니다. 그의 고통이 아름다운 열매로 빚어졌고 또 다른 성과가 되기도 했습니다. 그것이 하나님과 함께하는 바울의 인생이었습니다.

여기,
하나님의 신실하신 약속이 있습니다

창세기 12장은 아브라함이 하나님의 부르심을 받는 장면이죠. 1절이 이렇게 시작됩니다. "여호와께서 아브람에게 이르시되 너는 너의 고향과 친척과 아버지의 집을 떠나 내가 네게 보여 줄 땅으로 가라."

하나님은 아브라함에게 앞으로 일어날 일을 알려 주시지 않았습니다. 설계도를 마련해 주시지도 않았습니다. 삶의 여정에 관해 어떠한 사실도 말씀하시지 않았습니다. 주님께서는 그가 언제 아들을 얻고 바쳐야 할지, 언제 어떤 일을 당할지 미리 가르쳐 주시지 않았습니다. 그저 한 마디 말씀만을 하셨습니다. "내가 네게 보여 줄 땅으로 가라." 이 말씀만 가지고 아브라함은 떠나게 됩니다.

히브리서는 아브라함의 믿음을 이렇게 평가합니다. "믿음으로 아브라함은, 부르심을 받았을 때에 순종하고, 장차 자기 몫으로 받을 땅을 향해 나갔습니다. 그런데 그는 어디로 가는지를 알지 못했지만, 떠난 것입니다"(히 11:8, 새번역성경). 아브라함은 자신이 어디로 가는지 알지 못했지만 떠난 것입니다. 그가 가진 유일한 한 가지는 하나님의 '약속'뿐이었습니다. "내가 너로 큰 민족을 이루고 네게 복을 주어 네 이름을 창대하게 하리니 너는 복이 될지라 너를 축복하는 자에게는 내가 복을 내리고 너를 저주하는 자에게는 내가 저주하리니 땅의 모든 족속이 너로 말미암아 복을 얻을 것이라 하신지라"(창 12:2-3).

아브라함이 가지고 떠난 주님의 약속입니다. 그는 자신을 향해 "너의 편이 될 것이며, 너로 큰 민족을 이루며, 너의 이름을 창대하게 하며, 너는 복이 되리라"고 말씀하신 하나님의 약속을 꼭 붙잡았습니다. 약속을 가지고 떠난 길이 결국은 믿음의 조상이 되는 길이자, 열국의 아버지가 되는 길이었던 것입니다.

하나님의 약속이
성도의 '희망'이자 '미래'입니다

우리에게는 희망이 필요합니다. 현실도 아니고, 상황에 대한 판단도 아닙니다. 우리에게는 희망 그 자체가 필요한 것입니다. 인생은 신비로 가득 차 있습니다. 완전히 닫히고 고정된 것만 같은 현실에서도 희망을 가지고 끝까지 살아가는 사람은 놀라운 반전을 경험하게 됩니다. 한 사람과의 만남 혹은 한 사건과의 조우를 통해서 인생은 얼마든지 변화되기 마련입니다.

미래가 닫혀 있다고 생각하며 슬퍼하고 두려워하지 마시길 바랍니다. 미래는 여전히 열려 있습니다. 아직도 시간은 많이 있습니다. 수많은 기회를 보지 못할 뿐입니다. 희망을 가지고 하나님께서 주신 말씀을 붙잡고 나아갈 때에 우리는 더욱 힘을 낼 수 있습니다. 우리를 향한 하나님의 좋으신 계획과 마음을 잊지 마시길 바랍니다. 언제나 우리 편이 되어 주시며, 각자의 이름을 창대하게 해 주시며, 우리로 복이 되게 하시는 하나님의 말씀을 믿고 나아가기만 하면 됩니다.

최근에 기사를 읽었는데, 한 배우가 팬에게 조언해 준 내용이 담겨 있었습니다. 내용은 이렇습니다. "열일곱 살의 힘듦을 이해합니다. 그럼에도 인생을 살아갈 이유는 너무나 많습니다. 아직은 힘이 들어 희망의 빛이 보이지 않을 순 있습니다. 저 역시 그랬지만 그 순간에도 우리는 미래의 희망을 볼 수 있어야 합니다." 배우는 자신의 멘탈도 강하지 않지만 그럼에도 미래의 희망을 보았기 때문에 힘든 순간을 견딜 수 있었다고 이야기합니다. 그러면서 다음의 말을 덧붙입니다. "지금은 너무 힘들어서 죽고 싶을 수 있지만 오늘을 버티는 연습을 해야 합니다. 버텨낸 자에게 많은 복과 행운이 따르는 게 인생입니다. 그러니 죽을 준비가 아니라 복과 행운을 받을 준비를 하면 됩니다." 이 배우가 그리스도인인지 아닌지 저는 알지 못합니다. 만일 아니라면 세상적인 지혜라고 말할 수 있겠지요. 어려운 상황일수록 그들도 희망을 가지고 이겨낸다는 사실입니다. 그럴 때에 문제가 해결되고, 삶의 여건들도 변화된다는 것입니다.

우리가 하나님의 약속을 믿을 때에 미래에 대한 희망도 강해진다는 사실을 아십니까? 스스로 만들어 낸 희망이 아니라 하나님의 약속으로부터 오는 희망 말입니다.

한번 상상해 볼까요? 서울역에 올라오는 한 어린아이가 있습니다. 올라와서는 '이제 잘 살 거야, 꼭 성공할 거야'라고 다짐합니다. 자기가 만들어 낸 희망이죠. 반면에 똑같이 서울역에 올라온 사람이 있는데, 그 사람에게는 주소가 있습니다. 그래서 적힌 주소를 따라 찾아가기만 하면 되는 사람이 있다고 생각해 보십시다. 둘 중 누구에게 희망이 있겠습니까?

하나님의 약속이 우리에게 이미 주어졌습니다. 약속하신 분이

신실하시니, 그 약속 또한 반드시 이루어집니다. 그러므로 하나님께서 우리에게 주시는 약속을 꼭 받으시길 바랍니다. "이제 내가 너에게 지시할 땅으로 가라! 내가 너에게 복을 주리라" 이 말씀을 붙잡고 어렵고 힘든 상황에서 새로운 국면으로 나아가시길 바랍니다. 하나님의 약속입니다. "내가 너에게 지시할 땅으로 가라! 너는 복이 될지니라."

기도

하나님, 환경을 보며 주저하지 않게 하시고, 미리 내다보느라 힘겨워하지 않게 하옵소서. 주님의 약속의 말씀을 붙잡고 힘차게 나서서 주님께서 이루실 약속들을 기억하며 희망 가운데 전진하게 하옵소서. 믿음을 주셔서 넉넉히 살게 하시고 큰 열매를 거두게 하옵소서. 아멘.

2부

수
고
의

씨앗 찾기.

카이로스의 시간을 사모할 이유

—

에베소서 5:15-21

구원의 은혜는
삶으로 이어 가야 합니다

에베소서는 옥중에 있던 사도 바울이 에베소에 있는 신실한 성
도들에게 보낸 편지입니다. 복음의 요약이라고 할 수 있을 만큼 핵
심적인 내용이 담긴 서신서이기도 합니다. 사도 바울은 성령의 영
감을 통해 구원의 신비를 깨달아 알게 되었습니다. 성도들이 어떻
게 해서 하나님의 자녀가 되었는지, 하나님의 크신 경륜이 어떻게
이루어졌는지에 대해 에베소 교인에게 이야기합니다.

"곧 창세 전에 그리스도 안에서 우리를 택하사 우리로 사랑 안에
서 그 앞에 거룩하고 흠이 없게 하시려고 그 기쁘신 뜻대로 우리를
예정하사 예수 그리스도로 말미암아 자기의 아들들이 되게 하셨으
니"(엡 1:4-5).

사도 바울이 알게 된 비밀스러운 하나님의 신비가 무엇이었을

까요? 그는 이렇게 고백합니다. 하나님께서 세상을 창조하시기 전부터 우리를 선택하셨다는 사실을 깨달아 알게 되었다고 말입니다. 또 태초부터 하나님께서 우리를 자녀로 삼아 주시기로 예정하셨다는 사실을 깨달아 알게 되었다고 합니다. 이와 같은 귀한 비밀을 에베소에 있는 모든 교인이 알게 되기를 바란다고 이야기합니다. 하나님께서 우리를 부르신 이유가 무엇인지, 부르심의 소망이 무엇인지, 나아가 이후에 있을 영광이 어떤 것인지, 모두가 깨달아 알게 되기를 원한다고 전합니다.

이처럼 웅장한 서론에 이어 사도 바울은 우리가 어떤 모습이었는지, 어떻게 해서 구원을 얻게 되었는지를 자세히 설명합니다. 1장부터 2장과 3장으로 이어지는 내용입니다. 그 가운데 2장 1절이 그 모든 내용을 요약해 줍니다. "그는 허물과 죄로 죽었던 너희를 살리셨도다." 사도 바울은 우리의 옛 모습을 밝힙니다. 허물과 죄로 죽었던 모습, 육신의 정욕대로 살던 모습, 불순종의 영을 따라 살던 우리의 옛 모습을 이야기합니다.

바울은 허물과 죄로 죽었던 우리를 주님께서 어떻게 해 주셨는지, 5절에서 이렇게 전합니다. "범죄로 죽은 우리를 그리스도와 함께 살려 주셨습니다. 여러분은 은혜로 구원을 얻었습니다"(엡 2:5, 새번역성경). 사도 바울은 예수 그리스도의 십자가를 통해 회복의 역사가 일어났음을, 성령을 통해 우리가 하나님의 자녀가 되는 놀라운 역사가 일어났음을, 빛의 자녀가 되었음을 전하고 있습니다.

또 4장부터는 구원받은 성도가 어떤 삶을 살아야 하는지에 대해서도 이야기합니다. 말씀은 이렇게 이어집니다. "그러므로 여러분은 어떻게 살아가야 할지를 살피십시오. 지혜롭지 못한 사람처럼 살지 말고, 지혜로운 사람답게 살아야 합니다"(엡 5:15, 새번역성경). 에베소서의 마지막 부분, 즉 결론 부분에 해당하는 내용입니다. 모든 말씀을 마무리하면서 성도가 어떻게 살아야 할지를 요약한 것입니다. 성도는 어떻게 살아야 할까요? 구원받은 성도는 어떤 삶을 살아야 합니까? 아마 이와 같은 질문은 믿는 사람이라면 누구나 마음에 품은 원초적인 물음일 것입니다.

세월을 아끼라는 말씀은
처세의 조언이 아닙니다

에베소서의 마지막 부분에서 주님은 사도 바울을 통해 다음과 같이 권면하십니다. "세월을 아끼라 때가 악하니라"(엡 5:16). '세월을 아끼라'라는 말씀을 어떻게 이해하나요? 우리로 하여금 무엇을 하라고 하시는 명령일까요? 나아가, 어떻게 하는 것이 세월을 아끼는 것일까요?

먼저 '세월'은 '시간'이란 단어로 바꿔 쓸 수 있습니다. 즉 '세월을 아끼라'라는 말을 '시간을 아끼라'라는 말로 바꿔 볼 수 있습니다. 그렇다면 어떤 뜻이 될까요? '시간을 낭비하지 말고 살라'라는 의미로 받아들일 수 있을 것입니다. 또는 '빨리빨리 성과를 내며 살라', '게으르지 않게 열심히 살라'라는 말로 바꿔 쓸 수 있을 것입니다.

만약 우리가 '세월을 아끼라'라는 말을 '시간을 아끼며 살라', '빨리빨리 일을 처리하며 살라'라는 말로 해석한다면, 대한민국 사람들이 제일 모범적으로 보일 것입니다. 빨리빨리 사는 것을 너무 좋아하는 사람들이 아닙니까? 언제나 부지런히, 서둘러 살아가는 사람들입니다.

그렇게 해석한다면, 다음과 같은 뜻이 될 수 있습니다. '어릴 때부터 빨리 무언가를 해라. 빨리 성공해라. 빨리 학위를 마쳐라. 빨리 돈을 벌어라. 빨리 시험에 통과하고, 빨리 높은 자리에 올라라. 빨리빨리, 그리고 열심히 살아라. 게으르지 않게 살아라.'

과연 그런 뜻일까요? 만약 그렇다면 이런 질문들이 생깁니다. '이렇게 빨리빨리 모든 것을 하는 게 하나님의 뜻이라면, 빨리 하도록 하심으로써 하나님이 우리에게 요구하시는 것은 무엇일까? 빨리 모든 것을 다 이루고 나면, 우리는 과연 또 무엇을 해야 할까? 하나님께서 우리를 구원하셨는데, 태초부터 예정하셔서 우리를 자녀로 삼아 주셨는데, 이렇게 살게 하신 이유가 과연 무엇일까? 그저 빨리 무언가를 하게 하기 위해, 혹은 보다 많은 일을 시키기 위해서 그러셨다고 생각할 수 있을까?' 하나님이 과연 능력이 모자라서 우리로 더 많은 일을 시키려고 하신 것일까요? 하나님이 곤하셔서 우리의 노동력이 필요하신 것이겠습니까?

그것이 아니라면 '세월을 아끼라'라는 말씀은 어떤 의미일까요? 이 말씀을 원어인 헬라어로 읽게 되면, '기회를 사라'라는 뜻으로도 해석됩니다. 그래서 공동번역은 이렇게 번역하고 있습니다. "이 시대는 악합니다. 그러니 여러분에게 주어진 기회를 잘 살리십시오"(엡 5:16, 공동번역 개정판).

'늘 기회가 오는 게 아니다. 기회가 올 때가 있는데, 그때 기회를 놓쳐서는 안 된다. 골든 타임을 놓쳐서는 안 된다'라는 의미로 이해할 수 있다는 것입니다. 이것도 그럴듯한 해석입니다. 마음에 와닿기도 하고, 세상 사람들도 이 같은 해석을 좋아할 것입니다. 성공과 관련된 서적들이 이러한 전략을 우리에게 지혜로 알려 주기 때문입니다. 한번 생각해 보십시오. "무엇인가 기회가 올 때 꼭 잡아야 된다"라고 말하는 이유가 무엇일까요? 그래야 성공할 수 있다는 뜻이 아니겠습니까? 우리는 성공하기 위해 기회를 기다립니다. 성공하기 위해 기회를 찾습니다. 골든 타임을 기다립니다. 성공을 위해서 말입니다.

그러나 하나님께서 과연 그런 말씀을 하시는 것일까요? "언젠가 우리에게 기회가 올 테니, 그 기회를 잡아라. 그래서 사업을 번창시켜라. 구원받은 너희는 그렇게 살아라"는 말씀일까요? "너희에게 언젠가 기회가 올 테니, 그때 돈을 좀 벌어라. 내가 너를 구원한 이유가 여기에 있다"는 말씀을 하시는 것이겠습니까? "기회가 올 테니, 그때 기회를 잡아서 높은 자리에 올라라"라는 말씀이겠습니까? '하나님께서 우리를 구원하신 이유가 그것일까? 태초부터 우리를 구원하시기로 작정하신 하나님의 뜻이 과연 거기에 있을까?' 라는 질문 앞에 서면, 무언가 적절하지 않다는 생각을 떨칠 수 없습니다.

카이로스적인 순간이
우리의 삶을 변화시킵니다

그렇다면 '세월을 아끼라'라는 하나님의 말씀은 무슨 뜻일까요? 이를 위해 헬라어 원어를 조금 더 깊이 살펴볼 필요가 있습니다. 이 말씀에 사용된 '세월'이라는 단어는 헬라어로 '카이로스'입니다. 헬라어에는 '크로노스'와 '카이로스'라는 시간 개념이 있습니다. 그중 이 말씀에서 사용되는 '세월'을 뜻하는 단어는 '카이로스'입니다.

'크로노스'라는 단어는 일정한 시간의 분량을 의미합니다. 그저 지나가는 시간입니다. 모든 사람에게 공평하게 주어진 시간입니다. 쉽게 말해 시계로 경험할 수 있는 시간이라고 할 수 있고, 분량으로 경험할 수 있는 시간이라고도 할 수 있겠습니다. 일상적으로 흘러가는 시간입니다.

반면 '카이로스'는 무게가 있는 시간입니다. 순간적이지만 절대적인, 무게감 있는 시간을 가리킵니다. 사랑하는 사람과 사랑의 눈빛이 마주칠 때, 묵직한 경험이 일어납니다. 그래서 결혼까지 이르기도 합니다. 이런 시간을 우리는 카이로스적인 시간이라고 말할 수 있습니다.

제가 아는 한 부부가 있습니다. 지금은 신혼부부인데, 둘이 결혼하게 된 배경에는 참 재밌는 사연이 있습니다. 제가 신학교에서 가르칠 때, 학생들을 데리고 미국 교회 탐방을 간 적이 있습니다. 교회들을 탐방하던 중에 시카고에 반나절 정도 머문 적이 있습니다. 한 대여섯 시간 정도 되는 시간이었는데, 잠시 머물다 또 다른 지역으로 이동하는 일정이었습니다. 그 시간 동안 우리 팀을 안내하는 청년이 있었는데, 현지에서 공부하던 친구였습니다. 그런데 그 짧은 순간에 우리 팀에 있던 한 여학생과 그 청년이 그만 눈이 맞았습니다. 다른 학생들에게는 그저 그렇게 지나가는 짧은 시간이었을 뿐입니다. 하지만 이 두 사람에게 그 시간은 절대적인, 인생이 바뀌는 카이로스적인 시간이었던 것입니다. 그 사이 언제 마음을 나누었는지는 모르겠지만, 둘은 이후 귀한 교제를 이어 가던 끝에 결혼까지 하게 되었습니다. 현재는 아이까지 낳아 행복하게 살고 있습니다. 시카고에서 만난 그 날 이후, 인생의 큰 변화를 경험하게 된 것입니다. 이것이 바로 카이로스입니다.

우리는 일상적으로 크로노스적인 시간의 삶을 살아갑니다. 수천 년, 수만 년 동안 크로노스적인 삶을 살아가던 인류의 삶에 우리 주님이 오신 것입니다. 하나님의 아들이 이 땅에 오신 순간을 '카이로스'라고 부릅니다. 예수께서 이 땅에서 사신 33년의 시간을 카이로스적인 시간이라 명명할 수 있습니다. 또한 그 시간 가운데 함께했던 수많은 사람이 카이로스를 경험했다고 말할 수 있을 것입니다.

마태가 예수님을 만나 주님의 부르심을 받았을 때, 제자로 나섰습니다. 베드로도 그랬습니다. 바로 카이로스적인 시간을 경험한 것입니다. 주님과 눈빛이 마주치던 순간에 그들의 삶이 변화되었습니다. 주님을 따르는 사람들로 나아가게 된 것입니다. 삭개오가 그랬고, 나사로가 그랬습니다. 예수님은 자신에게 주어진 크로노스적인 시간을 카이로스적인 시간으로 만드셨습니다. 그리하여 예수님을 만나는 모든 사람에게 카이로스적인 시간을 경험하게 하셨습니다.

주님께서 말씀하십니다. "세월을 아끼라. 시간을 사라. 기회를 사라." 이 말을 헬라어로 말한다면, '카이로스를 사라'라는 말씀입니다. 크로노스적인 삶을 살아가면서 카이로스를 우리 안으로 끄집어들이라는, 카이로스적인 시간을 만들어 자신의 삶으로 끌어당

기라는 말씀입니다.

진리를 마주하며 성령 충만할 때, 카이로스를 경험할 수 있습니다

우리의 삶에도 카이로스적인 순간들이 있습니다. 사랑하는 사람과 눈빛을 마주하던 잠깐의 시간이 카이로스적인 시간이었을 것입니다. 사랑하는 아이가 태어나던 순간도 카이로스적인 시간일 것입니다. 분명 카이로스를 경험합니다. 카이로스적인 시간이 우리 인생에 얼마나 많습니까?

시간을 절약하면서 근면하게 사는 것도 훌륭한 일입니다. 우리에게 주어진 기회들을 살려 삶을 풍요롭게 하는 것도 중요합니다. 기회를 놓치지 않는 것도 귀한 덕목입니다. 하지만 이보다 한걸음 더 나아가기를 우리 주님께서 원하십니다.

우리는 어떻게 카이로스적인 시간을 만들어 낼 수 있을까요? 에베소서에서 그 해답을 발견할 수 있습니다. 5장 17절 말씀입니다. "그러므로 어리석은 자가 되지 말고 오직 주의 뜻이 무엇인가 이해하라"(엡 5:17). 바로 주님의 뜻이 무엇인지 이해하는 것입니다. 단순히 이해하는 것이 아니라 깨달아 아는 것입니다. '아하!'의 경험을 이야기하는 것입니다.

진리와 마주 대할 때, 우리는 카이로스를 경험하게 됩니다. '하나님께서 태초부터 나를 예정하셨구나!'라는 사실을 깨닫게 되는 것, 하나님의 진리를 꿰뚫어 알게 되는 것, 하나님의 비밀을 완전히 깨닫게 되는 것, 이것을 카이로스적인 경험이라고 할 수 있습니다. 바울이 그러했습니다. 그래서 그의 인생이 바뀌었습니다. 하나님의 오묘한 진리와 말씀, 영혼을 완전하게 바꾸어 놓는 주님의 말씀을 듣고 바울은 변화되었습니다. 카이로스적인 시간을 경험한 것입니다.

그리고 이어지는 또 다른 카이로스의 시간이 있습니다. '성령'으로 충만하게 되는 것입니다. 18절은 이렇게 말씀합니다. "술 취하지 말라 이는 방탕한 것이니 오직 성령으로 충만함을 받으라"(엡 5:18). 우리가 하나님과의 깊은 카이로스적인 경험으로 들어가는 방법이 있다면, '성령' 안으로 들어가는 것입니다. 성령의 경험은 우리를 참다운 앎으로 인도합니다. 하나님을 온전히 알게 해 줍니다. 지혜의 영이 우리에게 임하면 우리는 모든 것을 깨달아 알게 됩니다. 처음부터 마지막을 다 보게 됩니다. 내가 어떤 모습이었는지, 하나님의 계획이 어떠했는지, 마지막에 우리가 얻을 영광이 무엇인지를 깨달아 알게 됩니다. 이 모든 사실을 성령을 통해 알게 됩니다. 하나님의 경륜을 깨닫게 됩니다. 그러니 찬양할 수밖에 없습니다. 감사할 수밖에 없습니다. 주님을 따라갈 수밖에 없는 것입니다. 이 성령 충만의 시간이 바로 카이로스입니다.

주님께서 이와 같은 삶을 우리에게 요청하고 계십니다. 하나님의 뜻이 무엇인지 깊이 알아가는 카이로스를 만들어 보지 않겠냐고 물으십니다. 성령 안으로 더 깊이 들어와 보지 않겠느냐고 말씀하시는 것입니다. 그래서 바울은 에베소 교인들이 이 카이로스적 깨달음의 자리에 이르기를 간절히 바라며 기도합니다.

"우리 주 예수 그리스도의 하나님이신 영광의 아버지께서 지혜와 계시의 영을 주셔서, 하나님을 알게 하시고, [여러분의] 마음의 눈을 밝혀 주셔서, 하나님의 부르심에 속한 소망이 무엇이며, 성도들에게 베푸시는 하나님의 영광스러운 상속이 얼마나 풍성한지를, 여러분이 알게 되기를 바랍니다"(엡 1:17-18, 새번역성경).

주님의 소망이자 바울의 소망이었습니다. 자신이 깨달아 알게 된 구원의 비밀을 모든 성도가 알기를 바랐습니다. 그래서 카이로스를 온 성도의 시간으로 끌어오기를 바랐습니다.

때가 악하므로
더욱 카이로스를 사모해야 합니다

주님은 왜 우리에게 카이로스를 사라고 말씀하실까요? 앞서 읽은 말씀처럼 때가 악하기 때문입니다. 에베소서 6장 11절에 '악마의 간계에 맞설 수 있도록'[새번역성경, "마귀의 간계를 능히 대적하기 위하여"(개역개정)]이란 구절이 등장합니다. '때가 악하니라'로 바꿀 수 있는 또 다른 표현입니다. 오늘의 때는 악마가 간계를 부리며, 사탄이 계략을 짜 공격해 들어오는 때입니다. 우리가 기회를 잡아야 할 이유가 있는 것입니다. 하나님의 뜻을 알고, 성령으로 가득 찬 카이로스적인 시간이 없으면 악한 세력이 우리를 가만두지 않기 때문입니다.

"세월을 아끼라. 기회를 잡으라"라고 말하는 사도 바울의 권면 후에 이어지는 말씀이 참으로 흥미롭습니다. 남편과 아내의 관계가 이어지고 있고, 자녀와 부모의 관계가 이어지며, 종과 주인의 관계가 이어지고 있습니다. 무슨 뜻이겠습니까? 하나님의 뜻을 온전히 이해하는 카이로스적인 만남, 내가 어디서부터 왔는지,. 내 모습이 어떤 모습이었는지를 깨닫게 되는 카이로스적인 시간을 거쳐, 믿는 사람들이 드디어 남편과 아내의 관계를 재정립하게 된다는 것입니다. 자녀와 부모의 관계, 종과 주인의 관계를 재정립하게 된다는 뜻입니다. 세상과 우리의 관계를 새롭게 세우게 된다는 말씀입니다.

바로 이것이 주님께서 원하시는 일입니다. 우리가 하나님의 뜻을 온전히 알기를, 이를 통해 우리의 모든 관계가 새로워지며 온전히 세워지기를 원하십니다.

위기의 때에 카이로스의 시간을 길어 올리는 것이 더욱 중요합니다. 무엇보다 중요합니다. 이 상황 속에서 하나님의 뜻을 깨닫는 카이로스적인 만남이, 성령 충만의 카이로스적인 만남이 우리에게 있어야 할 것입니다. 우리 주님께서 말씀하십니다. "세월을 아끼라. 카이로스를 사라. 주의 뜻이 무엇인지 이해하라. 성령의 충만을 받으라. 때가 악하니라."

기도

하나님, 말씀을 마음에 새깁니다. 우리로 하여금 시간을 사게 하시고 카이로스를 사게 하옵소서. 주님의 뜻을 이해하는 카이로스의 시간, 성령 충만을 경험하는 카이로스의 시간을 허락해 주시옵소서. 우리의 모든 관계와 삶이 온전하게 세워지는 복을 내려 주시옵소서. 아멘.

우리의 몫은
하나님 나라의 씨 뿌리는 자

마가복음 4:26-29

예수님은 왜 첫 번째 비유로
씨 뿌리는 자를 말씀하셨을까요?

마가복음 4장은 예수님이 배에 오르신 후 군중 앞에서 비유의 말씀을 전하는 장면으로 시작됩니다. 많은 사람이 예수께로 몰려왔습니다. 예수님은 효과적으로 말씀을 전하기 위해 배를 육지에서 띄우시고 바다 위에서 그들을 마주보셨습니다. 이미 많은 사람이 예수님의 말씀에 집중하고 있었습니다. 예수님의 첫 번째 비유는 '씨 뿌리는 자'에 관한 말씀이었습니다. 그 말씀은 이렇게 시작됩니다.

"잘 들어라. 씨를 뿌리는 사람이 씨를 뿌리러 나갔다. 그가 씨를 뿌리는데, 더러는 길가에 떨어지니, 새들이 와서 그것을 쪼아 먹었다. 또 더러는 흙이 많지 않은 돌짝 밭에 떨어지니, 흙이 깊지 않으므로 싹은 곧 나왔지만, 해가 뜨자 타 버리고, 뿌리가 없어서 말라

버렸다. 또 더러는 가시덤불 속에 떨어지니, 가시덤불이 자라 그 기운을 막아 버려서, 열매를 맺지 못하였다. 그런데 더러는 좋은 땅에 떨어져서, 싹이 나고, 자라서, 열매를 맺었다. 그리하여 삼십 배, 육십 배, 백배가 되었다"(막 4:3-8, 새번역성경). 이 말씀을 하시고 주님께서는 이렇게 말씀을 마무리하셨습니다. "들을 귀 있는 사람은 들어라"(막 4:9 중, 새번역성경).

이후 예수님은 등경 위에 두는 등불에 관한 비유, 스스로 자라나는 씨앗의 비유, 겨자씨 비유 등을 전하셨습니다. 시간이 흐른 뒤 예수님이 홀로 계실 때, 제자들이 찾아와 씨 뿌리는 자의 비유가 어떤 뜻인지를 물었습니다. 그때 주님께서는 제자들만 따로 세워 씨 뿌리는 자의 비유가 어떤 의미인지를 가르쳐 주셨습니다. 그 내용이 마가복음 4장 20-30절입니다.

한편 이 맥락에서 우리는 말씀을 읽을 때마다 '씨'를 '말씀'으로 해석하곤 합니다. 씨를 뿌리는 것을 말씀을 전하는 것으로 이해하며, 여러 땅의 형태에 대해서는 말씀을 받아들이는 마음 상태로 해석합니다. 그래서 '내 마음 밭이 좋은 땅이 되어야겠다'라고 다짐하곤 합니다.

우리는
수많은 씨앗을 뿌리며 살아갑니다

하지만 예수님이 이 말씀을 하셨을 때의 현장을 구체적으로 들여다보며, 또 다른 깊은 의미가 내재되어 있지는 않은지 살펴보고자 합니다. 당시 예수님은 씨 뿌리는 자가 이곳저곳에 씨를 뿌렸다고 말씀하셨습니다. 어떤 땅에서는 씨앗이 발아하고 뿌리를 내려 열매를 맺었다고 했지만, 또 어떤 땅에서는 씨앗이 자라나지 못했다고 말씀하셨습니다.

이 말씀을 이해하기 위해서는 이천 년 전 고대의 농사법을 살펴볼 필요가 있습니다. 당시 농부들은 바람 부는 곳으로 나가 흩날리는 방식으로 씨앗을 뿌렸다고 합니다. 또 나귀와 같은 가축 위에 씨가 든 구멍을 낸 자루를 실어 이리저리 돌아다니게 했다고 합니다. 나귀가 돌아다닐 때 씨앗이 자연스럽게 땅에 떨어지게 되고, 그 씨앗이 자라 열매를 맺는 것입니다. 그러다 보니 어떤 씨앗은 좋은 땅에 뿌리를 내리고, 어떤 씨앗은 가시덩굴이나 돌무더기 위에 떨어졌을 것입니다. 바로 이 관점에서 씨 뿌리는 자의 비유를 이해해 보면 좋겠습니다.

씨 뿌리는 자가 흩날리듯이 씨를 뿌립니다. 아마 예수님의 말씀을 듣고 있던 사람들도 씨 뿌리는 장면을 상상하며 주님의 말씀을 들었을 것입니다. 저는 이 말씀을 읽으며 이렇게 적용해 보았습니다. '씨 뿌리는 사람은 바로 우리가 아닐까? 우리도 끊임없이 씨 뿌리는 존재가 아닌가? 살면서 말을 통해 씨를 뿌리고, 어떤 행동을 통해 씨를 뿌리지 않는가? 말 한마디 잘못해서 일을 그르치거나 관계가 깨지기도 하고, 경솔한 행동 하나로 돌이킬 수 없는 사태를 만들 때도 있지 않은가?' 이처럼 우리는 끊임없이 무언가를 말하고 행동하면서 살아갑니다. 그것이 우리가 삶에서 뿌리는 씨앗이라고 할 수 있습니다.

하지만 우리가 말하고 행동하는 모든 것이 다 열매로 맺어지지는 않습니다. 악한 일을 했을 때 열매로 바로 드러나면 얼마나 좋겠습니까? 그러면 두려워서라도 악행을 저지르지 않을 것입니다. 하지만 선한 일을 하는 자들이 억압받고, 악한 일을 자행하는 이들이 승승장구하는 경우를 마주하곤 합니다. 마치 길가에 뿌려진 씨앗처럼 사람들에게 밟혀 뿌리내리지 못하는 경우도 허다합니다. 가시덤불 같은 땅에 떨어져 줄기를 뻗지 못하는 경우도 있습니다. 그래서 세상의 악행이 수면 아래로 감춰지곤 합니다. 그러나 언젠가는 무럭무럭 자라서 큰 나무가 되고 열매를 맺듯이, 우리의 말과 행동이 세상에 그대로 노출될 때도 있음을 기억해야 합니다. 예수님의 씨 뿌리는 비유 말씀이 바로 이와 같은 의미를 담아내고 있습니다.

뿌린 대로 열매 맺으니
지금 나의 씨앗을 돌아봅시다

"사람이 무엇으로 심든지 그대로 거둔다"라는 말씀은 참입니다. 땅에 뿌려진 씨앗이 있다면, 그것은 기어이 자라나고 말 것입니다. 갈라디아서 6장 7-8절입니다. "스스로 속이지 말라 하나님은 업신여김을 받지 아니하시나니 사람이 무엇으로 심든지 그대로 거두리라 자기의 육체를 위하여 심는 자는 육체로부터 썩어질 것을 거두고 성령을 위하여 심는 자는 성령으로부터 영생을 거두리라."

우리는 살면서 이와 같은 일을 수없이 목도합니다. 수능 시험을 앞둔 수험생들은 이 법칙을 철저히 깨닫고 있을 것입니다. 그동안 심은 것에 대한 결과를 받아들이는 시간을 맞이하기 때문입니다. 우리의 삶이 그렇습니다. 계속해서 무언가를 뿌리고 있습니다. 말과 행동을 통해 삶의 자리에서 끊임없이 무언가를 심습니다. 그 모든 것이 결과로 나타나지 않을지라도, 적절한 토양과 환경을 만나는 씨앗은 뿌리를 내려 수많은 열매를 맺을 것입니다.

어쩌면 내가 심은 모든 씨앗이 발아되지 않는 게 다행이라고 할 수 있을 것입니다. 또 내가 심은 좋은 씨앗이 좋은 땅에 떨어져 열매 맺는다면, 그것은 정말 귀하고 아름다운 일이 될 것입니다. 특별히 청년들에게는 삶이 아직 많이 남아 있습니다. 내 마음대로 살 수도 있고, 때로는 악한 행동을 할 수도 있을 것입니다. 잘못된 길에 들어설 수도 있습니다. 그러나 내가 말하고 행동하는 것이 하나의 씨앗과도 같다는 사실을 기억하면 좋겠습니다. 우리는 지금도 씨앗을 뿌리며 살고 있습니다. 그 씨앗이 그저 사라질 수도 있지만, 계속 뿌리다 보면 언젠가는 열매를 맺게 될 것입니다.

그러므로 혹시 지금 악의 씨를 뿌리고 있다면, 즉시 멈추기를 바랍니다. 더는 그 씨앗을 뿌리지 말아야 합니다. 지금까지 그 씨앗이 발아하지 않은 것은 하나님의 은혜이자 운이 좋았을 뿐입니다. 어느 순간 악이 자라날 환경이 만들어질지 모릅니다. 그 죄악이 우리의 삶을 사로잡을 수도 있습니다. 그러니 악한 씨앗을 버리고, 선한 씨앗을 심어 의의 열매를 거둘 수 있기를 바랍니다.

그리스도인은
하나님 나라의 씨앗을 심어야 합니다

그렇다면 우리가 심어야 할 것은 무엇입니까? 주님은 '하나님 나라'를 심을 것을 권면하십니다. 마가복음 4장 26절입니다. "또 이르시되 하나님의 나라는 사람이 씨를 땅에 뿌림과 같으니." 하나님 나라를 심으면 하나님 나라가 자랄 것이라는 주님의 말씀입니다. 이 말씀 역시 씨 뿌리는 자의 비유를 토대로 이해할 필요가 있습니다. 하나님 나라를 심는다고 해서 항상 그 나라가 도래하는 것은 아닙니다. 때로는 그 씨앗이 가시덤불이나 돌밭, 길가에 떨어져 사라질 수도 있습니다. 하지만 적절한 땅에 떨어져 뿌리를 내리면 30배, 60배, 100배의 열매를 맺습니다. 그럴 때 얼마나 놀라운 일이 발생하는지, 주님께서 이렇게 가르쳐 주셨습니다. "그가 밤낮 자고 깨고 하는 중에 씨가 나서 자라되 어떻게 그리 되는지를 알지 못하느니라 땅이 스스로 열매를 맺되 처음에는 싹이요 다음에는 이삭이요 그다음에는 이삭에 충실한 곡식이라"(막 4:27-28).

내가 인지하지 못하는 사이에 자라고 열매 맺게 될 것이라는 말씀입니다. 예를 들어 우리가 사랑을 심는다고 가정해 봅시다. 사랑의 씨앗을 뿌리지만 바로 열매를 맺는 건 아닙니다. 때로는 그 사랑이 길가에, 돌밭에, 가시덤불에 떨어지기도 합니다. 아무런 성과 없는 씨 뿌림일 수도 있습니다. 그러나 끊임없이 사랑을 뿌릴 때, 그 씨앗이 언젠가는 좋은 땅을 만나게 될 것입니다. 적절한 환경을 만나 씨앗이 발아하고 줄기를 뻗을 것입니다. 그 줄기에 열매가 맺히고, 이전에는 상상도 할 수 없던 결실이 맺히는 것입니다.

사람의 경우에도 마찬가지입니다. 어떤 사람에게 사랑을 줍니다. 처음에는 수용되지 않을 수 있습니다. 두 번째로 다시 사랑을 줍니다. 또 거절당할 수도 있습니다. 그럼에도 불구하고 사랑합니다. 그렇게 끊임없이 사랑을 주다 보면, 그 사랑이 자리를 잡아 좋은 열매가 맺힐 수 있습니다.

때때로 사랑을 심어도 자라지 않는다고 실망하거나 낙심하는 사람들이 있습니다. 하지만 하나님 나라의 씨앗을 심는 자는 반드시 거두게 될 것입니다. 심지 않는 자는 거둘 수 없습니다. 분명한 것은 하나님 나라의 씨앗을 끊임없이 뿌린다면, 하나님께서 꼭 열매를 허락해 주실 것이라는 사실입니다. 갈라디아서 6장 8절을 다시 읽어 보겠습니다. "자기의 육체를 위하여 심는 자는 육체로부터 썩어질 것을 거두고 성령을 위하여 심는 자는 성령으로부터 영생을 거두리라."

의의 씨앗을 심어
아름다운 열매를 맺는 성도가 됩시다

바로 이 관점에서 씨 뿌리는 자의 비유를 살펴봅시다. 예수님이 홀로 계실 때 제자들이 씨 뿌리는 자의 비유에 관해 물어보았습니다. "주님, 씨 뿌리는 자의 비유가 과연 무슨 뜻입니까?" 그때 주님은 이렇게 대답해 주셨습니다. "씨를 뿌리는 자는 말씀을 뿌리는 것이라."

사실 이 말씀은 제자들에게 한정된 말씀이었습니다. 앞으로 제자들은 말씀을 뿌리며 증언하는 삶을 살게 될 것입니다. 그러므로 주님께서 이렇게 말씀하십니다. "너희가 이제 말씀을 뿌리게 될 것이다. 그리고 열매를 맺고자 할 것이다. 하지만 길가에 떨어져

밟힐 수도, 돌밭에 떨어져 말라비틀어질 수도, 가시덤불에 떨어져 방해를 받을지도 모른다. 하지만 옥토에 말씀이 떨어지면, 반드시 30배, 60배, 100배의 열매를 맺을 것이다. 그러므로 너희는 끊임없이 그 씨앗, 곧 말씀의 씨앗을 뿌려라."

이 놀라운 비밀을 주님께서 우리에게도 전해 주십니다. 주님께서는 지금 우리에게 하나님 나라를 심을 것을 말씀하십니다. 하나님의 말씀을 따라 살 것을 권하십니다. 십자가를 지고 하나님 나라를 이 땅 구석구석에 심을 것을 명하십니다. 물론 모든 씨앗이 자라지는 않을 것입니다. 하지만 어느 순간 자라 열매 맺은 나무를 발견할 수 있습니다. 이것이 하나님의 섭리입니다. 하늘나라의 원리입니다.

지금 어떤 씨앗을 뿌리고 계십니까? 여전히 우리는 많은 씨앗을 뿌리며 살아갑니다. 그 씨를 통해 삶의 열매도 맺게 됩니다. 이 사실을 깊이 생각할 필요가 있습니다. 내가 뿌리는 씨앗이 어떤 열매를 맺을 것인가를 돌아보아야 합니다. 바른 것을 심고, 옳은 것을 심고, 정의를 심고, 사랑을 심고, 자비를 심으며, 용서와 희생을 심을 때, 우리는 언젠가 하나님의 나라가 우리 가운데 가까이 와 있음을 보게 될 것입니다. 기뻐하며 감사하게 될 것입니다.

우리 모두 하나님 나라를 열심히 심는 참되고 충성된 종이 되면 좋겠습니다. 주어진 삶을 살아가면서 하나님의 의를 심고, 정의와 사랑을 심으며, 아름다운 열매를 맺어 갈 수 있기를 바랍니다. 주님께서 말씀하십니다. "또 이르시되 하나님의 나라는 사람이 씨를 땅에 뿌림과 같으니 그가 밤낮 자고 깨고 하는 중에 씨가 나서 자라되 어떻게 그리 되는지를 알지 못하느니라 땅이 스스로 열매를 맺되 처음에는 싹이요 다음에는 이삭이요 그다음에는 이삭에 충실한 곡식이라"(막 4:26-28).

이 곡식이 악의 열매가 아닌 선의 열매이자, 하나님 나라의 귀한 믿음의 열매가 되기를 간절히 바랍니다.

기도

하나님, 우리가 심고 뿌린 죄 된 씨앗이 큰 나무로 돌아오지 않게 하시니 감사드립니다. 우리가 하나님께서 기뻐하시는 말과 행위, 삶의 씨앗을 뿌려서 아름다운 열매를 거두게 하옵소서. 하나님의 나라를 심을 때 지치지 않게 하시고 하늘의 큰 열매를 얻게 하옵소서. 아멘.

씨 뿌리는 인생을 향한
하나님의 질문

—

열왕기상 3:4-10 / 누가복음 9:18-27

질문에는
그 사람의 정체성이 담겨 있습니다

사람들은 상대방에게 관심이 있을 때 질문을 합니다. 그 질문 속에 관심사가 있지요. 관심사는 그 사람의 됨됨이를 알려 주고 무엇을 추구하는지를 알려 줍니다. 질문 안에 한 사람의 정체성이 담겨 있는 것입니다.

성경 속 인물들도 예수님께 질문을 던졌습니다. "로마 황제에게 세금 바치는 일이 옳습니까? 왜 당신들은 안식일 날 음식을 먹습니까? 왜 당신의 제자들은 금식하지 않습니까? 우리에게 죄 지은 사람을 몇 번이나 용서해 주어야 합니까? 어찌하여 저런 여인과 말씀을 나누십니까? 주님, 당신을 팔 자가 누구입니까?" 이 땅에 오신 예수 그리스도를 조우할 수 있었던 단 한 번의 기회였는데 제자들이 예수님께 던진 질문은 "가이사에게 세를 바쳐야 합니까? 아님니까?"와 같은 질문이었다는 것입니다. 당신은 주님께 어떤 질문을 던지고 계십니까? 곰곰이 생각해 보아야 합니다.

그렇다면 하나님은 우리에게 어떤 질문을 하셨을까요? 예수님은 또 우리에게 어떤 질문을 하셨을까요? 성경을 보며 중요한 질문을 추려 보니 10가지였습니다. 흥미롭게도 구약에서 다섯 개, 신약에서 다섯 개의 질문이 있었습니다.

하나님의 첫 번째 질문은
인간 존재에 관한 물음이었습니다

먼저, 하나님이 우리에게 던지신 질문부터 살펴보겠습니다. 다섯 가지 질문으로 정리했지만 숫자에 얽매이지 않으시면 좋겠습니다. 하나님의 질문은 인간을 위한 것입니다. 하나님은 우리에게 질문을 던지며 다가오시죠. 이 질문은 본질적인 질문이고 우리를 향한 그분의 마음과 뜻을 발견하게 하여 우리를 더 높은 단계로, 더 나은 단계로 이끌어 갑니다.

하나님께서 인간을 향해 주신 첫 번째 질문은 "네가 어디 있느냐"(창 3:9)입니다. 아담을 부르시며 던진 질문이었습니다. 하나님은 아담의 위치를 알고 계셨지만 그럼에도 물으셨습니다. 아담과 하와를 만드신 이후 그들이 에덴동산에 있을 때, 하나님은 아담과 하와의 위치를 묻지 않으셨습니다. 그러나 아담과 하와가 선악과를 따먹은 후에 하나님께서 이들을 찾기 시작하셨습니다. "네가 어디에 있느냐"고 하나님께서 물으셨을 때 인간은 이미 하나님의 명령을 어긴 자리에 있었습니다. 불순종의 자리, 악의 자리에 처해 있던 것입니다. 시편 139편 1-8절에서 기자는 하나님을 향하여 어디에나 계시며 우리가 어디 있는지 아시는 분이라고 고백합니다. 주님 앞에서 숨을 곳이 있겠습니까?

하나님은 모든 것을 다 아시면서도 아담에게 물으십니다. "네가 어디에 있느냐"는 질문은 지리적인 위치를 묻는 것이 아니라 존재론적인 질문입니다. "너는 지금 어떤 존재로 살아가고 있니"라는 물음입니다. 이 말씀 배후에는 "너는 지금 하나님을 떠난 자리에 있다"는 선언이 있습니다. 그 말씀을 "아담아, 네가 어디에 있느냐"라고 질문하신 것입니다.

한편 이 질문은 하나님의 슬픈 목소리이기도 합니다. 아담과 하와가 선악과를 따먹자마자 그들은 하나님을 떠난 죄인이 되고 말았습니다. 그때부터 하나님은 잃어버린 자를 찾기 시작하십니다. 멀리 나와 있는 인간, 죄로 물들어 숨어 있는 인간, 온갖 악행을 저지르고 도망다니는 인간, 이들을 부르시며 애타게 찾으십니다. "네가 어디에 있느냐?" 이것이 하나님께서 인간에게 물으신 첫 번째 질문입니다. 하나님은 오늘도 우리를 애타게 부르며 찾고 계십니다. "네가 어디에 있느냐? 너는 지금 너의 자리에, 네가 있어야 할 자리에 있지 않다. 너는 하나님을 떠났다. 네가 어디에 있느냐?"

하나님은 인간의 근원적인
소원을 물으십니다

하나님의 두 번째 질문은 창세기 4장 9절 말씀에서 발견할 수 있습니다. 하나님께서 자신의 제사를 받지 아니하시고 동생 아벨의 제사만을 받으시자 이를 분하게 여긴 가인이 아벨을 꾀어내 그를 죽입니다. 그리고는 시신을 땅에 묻습니다. 그 가인을 향해 하나님이 질문하십니다. "네 아우 아벨이 어디 있느냐"(창 4:9 중).

설교자들은 종종 이 질문을 인간과 인간의 관계를 물으시는 질문으로 이해해 왔습니다. 아우 아벨을 죽인 것이 가인의 현실이었습니다. 형제를 죽이고 이기심과 경쟁심, 적개심으로 가득 차 있는 가인에게 하나님이 땅속에 묻혀 있던 아벨의 억울한 소리를 듣고 물으신 것입니다. 그러므로 이 질문은 "네가 아벨에게 무슨 짓을 했느냐? 너에게 주어서 함께 사랑하라고 보낸 아우, 그 아우를 너는 어떻게 했느냐?"라는 말씀이었습니다.

하나님은 우리를 향해서도 동일한 질문을 던지십니다. "네 아내는 어디에 있느냐? 네 남편은 어디에 있느냐? 네 배우자에게 무슨 짓을 했느냐? 네 형제와 부모와 자녀들은 어디에 있느냐? 네 이웃들은 어디에 있느냐?" 하나님의 질문에 가인은 도리어 "모릅니다. 내가 아우를 지키는 자입니까?"(창 4:9 중)라고 대답니다. 우리도 어쩌면 이렇게 대답할지 모릅니다. 지독한 개인주의와 고집스런 마음으로 우리 마음이 병들었는지도 모르겠습니다.

하나님께서 물으신 세 번째 중요한 질문은 열왕기상 3장 5절에 나타납니다. 솔로몬이 성전을 짓고 천 마리의 제물을 바친 후에 하나님께서 솔로몬의 꿈에 나타나셨습니다. "기브온에서 밤에 여호와께서 솔로몬의 꿈에 나타나시니라 하나님이 이르시되 내가 네게 무엇을 줄꼬 너는 구하라"(왕상 3:5). "내가 너에게 무엇하여 주길 원하느냐? 네 소원이 무엇이냐?"고 질문하신 것입니다.

하나님께서 오늘 우리에게 이 질문을 하신다면 대답할 말이 있으신지요. 지혜롭게 답변할 대답을 가지고 계십니까? 단호하고도 결연한 소원의 내용이 있습니까? 하나님께서 오늘 우리에게 "너에게 무엇을 하여 줄까?"라고 물으신다면, 그동안 기도도 열심히 하고 주님을 애타게 찾았다는 심정에 할 말을 잃을지도 모르겠습니다.

마가복음 10장 36절에 예수님께서는 같은 질문을 던지십니다. 제자들을 향해 "내가 너희에게 무엇을 하여 주기를 원하느냐?"라고 물으셨을 때 야고보와 요한이 대답합니다. "선생님, 선생님께서 영광 받으실 때 하나는 선생님의 오른편에, 하나는 선생님의 왼편에 앉게 해 주십시오." 그때 주님께서 말씀하십니다. "너희는 너희가 구하는 것이 무엇인지 모르고 있다." 그들은 2,000년 전 단 한 번이 땅에 오신 예수님을 만났고 함께 생활했습니다. 그런 그들을 향해 "내가 너희들에게 무엇 하여 주기를 원하느냐?"고 물으시는 음성에 대답하니 주님이 이렇게 말씀하십니다. "너희는 너희가 구하는 것이 무엇인지 모르고 있다." 참으로 안타까운 일입니다.

하나님께서 우리에게도 이렇게 말씀하지는 않으실까요? "너는 지금 네가 구하는 것이 무엇인지 알지 못하는도다. 네가 구해야 할 것이 무엇인지 알지 못하는구나. 가장 중요한 것이 무엇인지 알지 못하는구나." 그러나 솔로몬은 하나님 마음에 드는 요청을 했습니다. 그는 부를 구하지도, 장수를 구하지도, 힘과 능력을 구하지도 않았습니다. 백성을 잘 다스리고 재판을 잘 할 수 있도록 지혜 곧 듣는 마음을 요청합니다. 성경은 솔로몬의 요청이 하나님의 마음에 들었다고 전해 주고 있습니다. 하나님께서 오늘 "내가 너희에게 무엇을 줄까?" 물으신다면 무엇을 달라고 하시겠습니까? 단 한 가지의 기도 제목, 이것을 마음에 굳게 세워 보시길 바랍니다.

인간의 유한함을 깨닫게 하시고
하나님 나라의 그루터기로 초청하십니다

주님께서 물으신 네 번째 중요한 질문은 욥기에 있습니다. '왜 하나님은 의인에게 고통을 주시는가?' 스스로 안타까워하며 기도

하는 욥을 향해 하나님이 질문하십니다. "누가 그것의 도량법을 정하였는지, 누가 그 줄을 그것의 위에 띄웠는지 네가 아느냐"(욥 38:5).

의인 욥을 향해 하나님께서 던지신 질문은 "너는 아느냐? 네가 알면 얼마나 아느냐?"입니다. 그리고는 "네가 알면 대답해 보아라!" 하고 말씀하십니다. "하나님께서는 끊임없이 "네가 아느냐?"라고 질문을 던지십니다. 이는 "네가 도대체 아는 것이 얼마나 되느냐?"라는 혹독한 질문이자 "알면 어디 대답해 보아라!"라는 준엄한 명령이기도 합니다.

주님은 우리에게도 묻고 계십니다. 이해되지 않는 하나님은 믿을 수 없다고 주장하면서 자신을 설득해 보라고 거들먹거리는 사람들을 향해 묻고 계실지 모릅니다. "네가 과연 이것을 아느냐? 네가 안다면 얼마나 많이 아느냐? 너는 정말 모든 것을 알아서 믿고 산다고 생각하느냐?" 동정녀 탄생도, 하나님께서 우리의 모든 대화를 듣고 계신다는 것도 이제는 과학적으로 설명되고 있습니다. 그러나 이 모든 것을 다 안다고 해도 하나님께서는 우리에게 끊임없이 "너희가 정말 아느냐? 너희가 알면 얼마나 더 알 수 있겠느냐?" 묻고 계십니다. 인간의 유한성을 철저하게 인정하라 명하시며 무지함을 깨우쳐 주시고, 믿음을 요구하시는 하나님의 음성입니다.

하나님의 다섯 번째 중요한 질문은, 멸망해 가는 이스라엘을 향해 진노를 내리시기로 결정하실 때 던져집니다. "내가 누구를 보내며 누가 우리를 위하여 갈꼬"(사 6:8 중). 하나님께서는 이스라엘 멸망을 예언하며 그 길을 걸어갈 사람을 찾고 계셨습니다. 천지를 지으신 하나님이신데 능력이 모자라 사람을 찾으셨겠습니까? 주님은 이 질문을 통해 이사야의 결단을 기다리며 그를 초대하셨습니다. 그리고는 멸망해 가는 이스라엘에 그를 보내셨습니다.

주님께서 진정 원하시는 일이 무엇이겠습니까? 거룩한 씨, 그루터기를 만드는 일, 멸망해 가는 세상 속에서 희망을 만드는 일, 구원의 씨앗을 보존하는 일, 그 일을 맡아 줄 사람을 찾으십니다. 한국 교회, 한국 사회가 썩었다고 이야기합니다. 주님께서는 우리에게 동일한 질문을 던지고 계십니다. "누가 나를 위하여 갈꼬?" 그분의 동역자를 찾고 계시는 음성입니다.

주인이신 하나님이 자신을 떠나 버린 사람을 찾으시며 "네가 어디에 있느냐?" 물으십니다. 함께 거하고 사랑하라고 주신 형제, 자매, 이웃들과 어떤 관계 속에 있느냐고 물으십니다. 마음속 깊은 곳에서 우리가 간절히 원하는 소원이 무엇인지를 말하라며 "내가 너희에게 무엇을 주면 좋을꼬"라고 하셨습니다. 그리고는 "너는 아느냐? 그렇다면 네가 얼마나 많이 아느냐?"라고 계속 질문하시면서 그분을 위하여 나아갈 진실한 동역자를 찾으십니다.

하나님께서 던진 다섯 가지 질문에는 하나님의 초청과 배려와 은혜가 담겨 있습니다. 특별히 어떤 인생을 살지, 어떻게 살아야 할지 고민하는 모든 분들에게 하나님의 말씀이 다가갈 수 있기를 바랍니다.

예수님은 자신에 대해 물으시고
우리의 믿음을 보기 원하셨습니다

예수님의 첫 번째 질문은 신약에서 가장 중요한 질문이라고 할 수 있습니다. 예수님은 기도하시던 중에 제자들에게 한 가지를 물으셨습니다. "무리가 나를 누구라고 하느냐"(눅 9:18 중). 그러자 제자들이 "세례 요한이라 하고 더러는 엘리야라, 더러는 옛 선지자 중의 한 사람이 살아났다 하나이다"(눅 9:19 중)라고 대답합니다. 다시 주님이 "너희는 나를 누구라 하느냐"(눅 9:20 중)고 물으시자 베드로가 "하나님의 그리스도시니이다"(눅 9:20 중)라고 대답합니다.

인간에게 중요한 질문이 있다면 무엇일까요? "인간이란 무엇인가?" "나는 누구인가?" 이러한 질문들일 것입니다. 그러나 이보다 가치 있고 고귀한 질문이 "예수는 나에게 누구이신가?"입니다.

그렇다면 왜 이 질문이 중요할까요? 성경은 인간이 하나님의 형상을 따라 지음 받았지만 하나님을 떠나 죄와 사망의 노예로 살아가는 불행한 존재가 되었다고 말합니다. 성경에 나타난 인간은 하나님과 바른 관계를 맺지 못하고 본래의 자리에서 떨어져 나와 죄와 사망으로 신음하는 존재입니다. 그러므로 인간에게 희망이 있다면 바로 '예수 그리스도'이십니다(롬 8:1-2). 그래서 예수님께서 제자들을 향해 "너희는 나를 누구라 하느냐?"라고 물으시며 인간에게 가장 중요한 질문을 하셨습니다. 이 질문은 우리의 지식에 관한 것이 아니라 예수님 자신에 대한 것이었습니다. 구약과 신약을 이어 주는 연결 고리 같은 질문이기도 합니다.

하나님께서 우리를 향해 "너희는 나를 누구라 하느냐?"라고 물으신다면 어떻게 대답하시겠습니까? 우리에게 예수는 누구이십니까? 우리는 이 질문을 피해서도, 또 피할 수도 없습니다. 우리를 위해 십자가를 지셨으나 죽은 자 가운데 살아나 부활 소망을 주시며 심판주로 다시 오시겠다고 약속하신 그분이 바로 예수 그리스도이십니다.

예수님의 두 번째 질문은 요한복음 5장에 나와 있습니다. 유대인의 명절이 가까이 와서 예루살렘을 향해 올라가시던 예수님이 베데스다 못 근처 38년 된 병자를 만나셨습니다. 그때 주님께서 병자에게 한 가지 질문을 하셨습니다. "네가 낫고자 하느냐?"(요 5:6 중). 이것이 예수님의 두 번째 질문입니다.

오랫동안 병을 앓고 있던 사람, 연약한 사람, 힘들게 사는 사람을 향해 주님께서 물으십니다. "네가 낫고자 하느냐?" 예수님이 던지신 두 번째 질문은 마태복음 20장 32-34절에서 조금 다르게 표현되기도 합니다. 주님께서 여리고로 향하시던 길에 두 맹인이 길을 가로막고는 주님께 탄원하며 외쳤습니다. "주님, 우리를 불쌍히 여겨 주십시오!" 그때 주님께서 그들에게 물으셨습니다. "너희에게 무엇 하여 주기를 원하느냐?" 마태복음 9장 27-29절에 나오는 또 다른 맹인을 향해서는 "내가 능히 이 일 할 줄을 믿느냐?"라고 물으셨습니다. 비슷하지만 다른 형태의 질문입니다.

주님께서 우리를 향해서도 묻고 계십니다. 특별히 병들어 고생하는 분들, 힘든 상황 속에서 애타게 탄원하고 계신 분들을 향해서 물으십니다. 우리가 정말 주님의 도움을 간절히 원하는지, 주님께서 우리 문제를 해결해 주실 유일한 분이심을 믿고 있는지를 물으십니다. "네가 정말 낫고자 하느냐?" 이어서 물으십니다. "내가 네게 무엇하여 주기를 원하느냐? 내가 능히 이 일을 해 줄 수 있다고 믿느냐?"

예수님은 그분을 다시 바라보도록 초청하시고 우리의 응답을 요구하셨습니다

예수님의 세 번째 질문이 제자들에게 향합니다. 부활하신 주님께서 디베랴 호수에 가셔서 실망하여 어부로 돌아간 제자들을 만나 주십니다. 그들은 고기를 잡으러 나갔지만 밤이 맞도록 잡지 못했습니다. 노력한 만큼의 대가를 얻지 못한 것입니다. 그렇게 새벽을 맞을 때에 주님께서 나타나 주셨습니다. 그리고 제자들에게 물으십니다. "그때에 예수께서 제자들에게 물으셨다. 애들아, 무얼 좀 잡았느냐? 그들이 대답하였다. 못 잡았습니다"(요 21:5, 새번역성경).

월척을 잡기 위해 떠나는 항해, 그것은 우리의 인생과도 같습니다. 무엇을 좀 잡아 보려고 안간힘을 쓰는 게 인생 아닌가요? 하지만 예수님의 이 질문 속에 인간이 직면하는 진정한 현실은 "못 잡았습니다"라는 답입니다.

얼마나 많은 사람들이 고기를 잡으러 항해를 떠납니까? 많은 것을 잡은 것 같으나 실상은 빈손일 뿐입니다. 주님께서 그런 우리들을 향해 질문하십니다. "무얼 좀 잡았니? 네가 잡으려고 한 그것 얻었니? 명예 얻었니? 돈 잡았니? 권세 얻었니?" 아마도 우리가 하나님 앞에 서는 날에 물으시겠지요. "무엇 좀 잡았니?" 그 순간 우리 손에 아무것도 없다는 사실을 깨달을 뿐입니다.

세 번째 질문은 우리의 현실을 직시하게 하시는 말씀입니다. 그리고 주님을 다시 바라보도록 이끄십니다. "얘들아, 무엇을 좀 잡았느냐?" 이 질문에는 주님이 도우시겠다는 의도와 함께 사랑스러운 초청이 담겨 있습니다. "볼지어다 내가 문 밖에 서서 두드리노니 누구든지 내 음성을 듣고 문을 열면 내가 그에게로 들어가 그와 더불어 먹고 그는 나와 더불어 먹으리라"(계 3:20).

예수님의 네 번째 질문은 마태복음 15장 34절에 있습니다. 예수님을 따라 나온 무리들이 광야에 있었는데 그들은 사흘 동안이나 먹지를 못했습니다. 그러자 주님은 그곳에 모인 많은 무리들을 보시고 불쌍히 여기셨습니다. 그래서 그들을 먹이시고자 물으십니다. "너희에게 떡이 몇 개나 있느냐?"

이 질문은 주님께서 놀라운 기적을 일으키신 출발점이었습니다. 일곱 개의 떡으로 사천 명을 먹이시는 기적을 행하셨던 것입니다(마 15:35-38). 주님께서 제자들의 음식을 빼앗으려고 하신 것이 아니라, 제자들의 떡으로 상상하지 못한 놀라운 방식으로 기적을 일으키시기 위한 질문이었습니다. 이 질문에 대답한 사람이 없었다면 사천 명을 먹이시는 기적이 나타나지 않았을지도 모릅니다. "너희에게 떡이 몇 개나 있느냐?"는 주님의 물음에 응답하는 사람이 있었기에 주님은 놀라운 변화와 기적을 일으켜 보여 주셨습니다.

주님은 오늘도 우리를 향해 물으십니다. "너희에게 떡이 몇 개나 있느냐?" 만일 우리가 떡을 감추어 둔다면 그저 일곱 덩이로 끝이 날 것입니다. 반응하지 않는다면 떡은 그 한 사람만을 위해서 사용되겠지요. 어쩌면 부패하여 버려지게 될지도 모릅니다. 그러나 주님께 떡을 바치는 순간 일곱 개의 떡은 사천 명을 먹이고도 남는 놀라운 기적이 되고 맙니다. 이것이 주님께서 던지신 네 번째 질문이었습니다.

우리에게 떡이 있습니까? 주님께서 "떡이 몇 개나 있느냐?" 하고 물으십니다. 손에 들린 떡을 세며 주님의 물음에 답할 수 있기를 바랍니다.

예수님은 우리를 살리시고 회복시키기 위해 물으셨습니다

예수님의 다섯 번째 질문은 요한복음 21장 뒷부분에 나옵니다. 디베랴 바닷가에서 부활하신 주님이 베드로를 만나십니다. 베드로의 입장에서는 예수님을 만나기가 참으로 부담스러웠을 것입니다. 예수님을 세 번이나 부인하고 돌아섰던 후회와 아픔이 그의 마음속에 있었기 때문입니다. "내가 그를 알지 못하노라"(눅 22:57 중). 주님께서 들으실 만한 자리에서 그는 이렇게 말하며 예수님을 세 번 배반했습니다. 그런 베드로를 향해서 우리 주님께서는 다가오십니다. 그리고는 세 번 질문하셨고, 베드로는 대답해야만 했습니다.

"내가 그를 알지 못하노라"고 대답한 베드로를 향해 주님께서는 다시 물으십니다. "네가 나를 사랑하느냐?" 이제 베드로는 예수님을 모른다고 배반했던 입술로 주님을 향한 사랑을 다시 고백합니다. "주님, 내가 주님을 사랑하는 줄 주님께서 아십니다." 이 고백이 베드로를 살립니다. 베드로는 용서받고 회복되고 새로운 소명을 받게 됩니다.

오늘도 주님께서 우리에게 묻고 계십니다. 우리가 그동안 어떤 삶을 살아왔든지, 어떤 배반의 말을 입으로 쏟아 내었든지, 어떤 말로 하나님을 무시했든지 상관없이 주님께서는 우리에게 물으십니다. "네가 나를 사랑하느냐? 정말 나를 사랑하느냐?" 이 질문에 어떻게 대답하시겠습니까?

우리는 예수님의 질문 앞에 서 있습니다. "너는 나를 누구라 하느냐? 나는 너에게 무엇이냐? 나 예수는 너에게 어떤 존재냐?" 약한 자, 병든 자를 향해 "네가 낫고자 하느냐? 내가 능히 이 일 할 줄을 믿느냐? 네가 원하는 것이 무엇이냐?"고 물으십니다. 허망한 인생을 살아가는 우리들을 향해 "너희가 무얼 좀 잡았느냐?" 물으십니다. 기적을 일으켜 주시기 위해 "너에게 떡이 몇 개나 있느냐?" 물으시고, 마지막으로 "네가 나를 사랑하느냐?"고 물으십니다. 주님이 우리의 대답을 기다리고 계십니다.

기도

하나님, 우리를 향하신 질문들에 드릴 대답을 찾습니다. 우리는 어디에 있고, 아우는 어디 있으며, 주님은 누구신지 질문 하나하나에 정직하게 서 있습니다. 주님께 겸허하게 답하길 원합니다. 주님이 하나님의 아들이심을 믿음으로 우리의 가진 떡을 내어놓게 하옵소서. 아멘.

욕망의 노예에서 벗어나기

—

에베소서 4:17-24

욕심은
인간을 약한 존재로 만듭니다

이 세상에서 가장 강한 사람이 누구일까요? 우리나라에서 가장
힘센 사람, 넘어뜨릴 수 없는 사람이 있다면 누구일까요? 대통령일
까요? 검찰총장일까요? 참모총장일까요? 인기 연예인일까요? 아
니면 종교인일까요? 사실 어떤 위치나 직업, 삶의 자세가 강함의
기준이 되는 건 아닌 것 같습니다. 오히려 '자신 안에서 부족함을
느끼지 않는 사람, 모자람 느끼지 않는 삶을 살아가는 사람이 가장
강한 사람이 아닐까' 하는 생각을 합니다.

그렇다면 가장 쉽게 무너뜨릴 수 있는 사람은 누구일까요? 가
장 약한 사람, 쉽게 정복할 수 있는 사람은 누구일까요? 무언가를
갖고 싶어 하는 사람, 무언가에 욕심을 내는 사람, 강렬하게 얻고
싶어 하는 사람이 약한 사람입니다. 그가 갖고 싶어 하는 것으로

유혹하면 얼마든지 쓰러지고 넘어질 수 있기 때문입니다. 돈을 원하는 사람이라면, 돈으로 유혹할 수 있습니다. 인기를 얻고 싶어 하는 사람이라면, 인기로 현혹하면 됩니다. 어떤 자리에 올라가고 싶어 하는 사람이라면, 권력을 가진 사람이 그를 조종할 수도 있습니다.

진정으로 강한 사람은, 무엇이 있든 없든 자기 안에서 만족을 누리는 사람입니다. 물질이나 자리에 상관없이 자신의 위치에서 편안함과 완전함을 누리는 사람 말입니다. 그런 사람은 좀처럼 무너뜨리기가 어렵습니다. 그런 사람은 쉽게 꺾이지 않습니다.

돈을 아무리 많이 가지고 있어도 돈에 대한 목마름이 강한 사람은 여전히 약한 사람입니다. 또다시 돈의 유혹에 넘어갈 수밖에 없습니다. 아무리 많은 돈을 가지고 있다 해도, 그것은 큰 의미가 되지 않을 것입니다. 한마디로 욕심이 사람을 약하게 만듭니다.

종종 우리는 사회에서 선한 영향력을 미치던 인물이 낙마하는 경우를 봅니다. 그리고 그 뒷면에 항상 욕심이 있었음을 알게 됩니다. 재물에 대한 욕심, 성적인 탐닉, 자녀에 대한 욕심 등 어떤 이득을 좇아 행하다 일을 그르치는 경우를 마주하곤 합니다. 욕심은 불행의 시작입니다. 그러므로 성경을 통해 주님께서도 이렇게 말씀하십니다. "부하려 하는 자들은 시험과 올무와 여러 가지 어리석고 해로운 욕심에 떨어지나니 곧 사람으로 파멸과 멸망에 빠지게 하는 것이라"(딤전 6:9).

욕심은
악한 행실을 부추깁니다

그렇다면 어리석고 해로운 욕심이란 과연 어떤 것일까요? 꿈과 비전까지 욕심이라고 말할 수는 없습니다. 그럼 욕심과 비전을 어떻게 구분할 수 있을까요? 사실 이 둘을 구별하는 것은 어렵지 않습니다. 하나님께서 인간을 창조하실 때, 우리 안에 만들어 주신 '양심'이 있기 때문입니다. 우리는 양심의 소리를 들으며 얼마든지 욕심과 비전을 분별해 낼 수 있습니다. 어떤 일을 하려 할 때, '그것은 욕심이야'라는 소리가 들릴 때가 있습니다.

예레미야 3장을 보면 악행을 부추기는 욕심에 관한 기사도 나옵니다. "네가 이제부터는 내게 부르짖기를 나의 아버지여 아버지는 나의 청년 시절의 보호자이시오니 노여움을 한없이 계속하시겠으며 끝까지 품으시겠나이까 하지 아니하겠느냐 보라 네가 이같이 말하여도 악을 행하여 네 욕심을 이루었느니라 하시니라"(렘 3:4-5).

욕심과 함께 따라오는 현상이 있는데, 바로 '악을 행하는 것'이라는 말씀입니다. 주님께서 언제든지 나를 받아 주실 것이라는 기대로, 하나님의 자비로우심을 이용해 악행을 지속하는 인간의 모습을 지적하고 있습니다.

또한, 욕심은 '거짓'을 말하고 행하는 형태로 드러납니다. 예레미야 8장의 말씀입니다. "그들은 가장 작은 자로부터 큰 자까지 다 욕심내며 선지자로부터 제사장까지 다 거짓을 행함이라"(렘 8:10 중).
선지자와 제사장과 같은 종교인들도 욕심에서 예외 되지는 않습니
다. 도리어 종교인들 속에서 욕심을 더 많이 발견하기도 합니다. 하
나님의 자비와 사랑을 의지한다면서 악을 즐겨 행하고 욕심을 채
우려는 사람들이 많습니다.

나아가 주님은 미가서를 통해 우리의 또 다른 욕심을 보게 하십
니다. 욕심을 중심으로 결탁하는 인간의 추한 모습을 드러내시는
것입니다. 미가 7장의 말씀입니다. "경건한 자가 세상에서 끊어졌
고 정직한 자가 사람들 가운데 없도다 무리가 다 피를 흘리려고 매
복하며 각기 그물로 형제를 잡으려 하고 두 손으로 악을 부지런히
행하는도다 그 지도자와 재판관은 뇌물을 구하며 권세자는 자기
마음의 욕심을 말하며 그들이 서로 결합하니"(미 7:2-3).

욕심을 행하는 삶의 양태들이 드러납니다. 부지런히 악을 행하
는 모습, 형제를 잡기 위해 매복한 자들의 모습이 그려집니다. 피를
흘리고자 하는 악한 의도를 품은 자들의 모습입니다. 뇌물을 구하
며 결탁하는 모습도 볼 수 있습니다. 바로 이러한 모습이 욕심으로
부터 나오는 악한 행실이라고 할 수 있습니다.

욕망으로 구한 기도는
응답될 수 없습니다

주님께서는 야고보서 1장을 통해 다음과 같이 말씀하십니다. "사람이 시험을 받을 때에 내가 하나님께 시험을 받는다 하지 말지니 하나님은 악에게 시험을 받지도 아니하시고 친히 아무도 시험하지 아니하시느니라 오직 각 사람이 시험을 받는 것은 자기 욕심에 끌려 미혹됨이니 욕심이 잉태한즉 죄를 낳고 죄가 장성한즉 사망을 낳느니라"(약 1:13-15).

욕심의 의미와 속성을 밝혀 주는 말씀입니다. 최초의 인간인 아담과 하와가 그러했습니다. 하나님께서 그들에게 에덴동산에 있는 모든 나무의 실과는 허락하셨지만, 선악을 알게 하는 나무의 열매는 금하셨습니다. 그러나 아담과 하와는 그 말씀을 듣지 않았습니다. 자신들을 현혹한 뱀의 말에 넘어가고 맙니다. '하나님처럼 될 수 있다'는 뱀의 유혹에 그만 욕심을 냈습니다. 그 결과는 참혹했습니다. 죽음을 맛봐야 하는 운명에 처해지고 말았습니다. 이것이 바로 인간입니다.

또한 우리는 성경 여러 곳에서 욕심이 인간에게 어떤 불행을 일으키는지를 살펴볼 수 있습니다. "욕심이 많은 자는 다툼을 일으키나 여호와를 의지하는 자는 풍족하게 되느니라"(잠 28:25). "너희 중에 싸움이 어디로부터 다툼이 어디로부터 나느냐 너희 지체 중에서 싸우는 정욕으로부터 나는 것이 아니냐 너희는 욕심을 내어도 얻지 못하여 살인하며 시기하여도 능히 취하지 못하므로 다투고 싸우는도다"(약 4:1-2 중).

욕심에서 시작되었다는 매우 중요한 표증이 하나 있습니다. 바로 '다툼'입니다. 이 땅에는 끊임없이 싸움이 벌어집니다. 전투와 전쟁이 이어집니다. 나라 안에서, 가정 안에서, 사회 안에서, 기업이나 직장 안에서 수많은 싸움이 계속되고 있습니다. 이러한 싸움의 원인은 무엇일까요? 가장 근본적인 이유는 자신의 이익을 빼앗기지 아니하려는 욕심일 것입니다. 서로의 욕망과 욕심이 상충될 때 다툼이 벌어지곤 합니다. 모든 분쟁의 자리에는 욕심이 존재합니다. 우리 안에 욕심이 가득하기에, 이 땅에서 다툼이 끊이지 않는 것입니다.

한편 이어지는 내용이 매우 흥미로운데, '기도'와 관련된 말씀이 등장합니다. 주님께서 '구하는 일' 곧 '기도'에 관한 말씀을 하시며, 그 내용을 정욕과 욕망과 연결하시기 때문입니다. 야고보서 4장입니다. "너희가 얻지 못함은 구하지 아니하기 때문이요 구하여도 받지 못함은 정욕으로 쓰려고 잘못 구하기 때문이라"(약 4:2-3 중).

우리의 기도가 욕심과 정욕과 연결될 수 있다는 하나님의 말씀입니다. 이때 기도를 '신앙생활'로 바꿔 볼 수도 있습니다. 우리의 신앙생활이 욕심에 근거해 이루어질 수 있다는 경고의 말씀입니다. 그럴 때 어떤 일이 벌어지는지, 주님께서 분명히 말씀해 주셨습니다. "너희가 구하여도 받지 못한다!" 즉 욕심과 정욕으로 하는 기도는 주님께 응답받지 못한다는 하나님의 엄중한 선언입니다.

욕심은
이웃과의 관계도 단절시킵니다

씨 뿌리는 자의 비유에서도 비슷한 교훈을 얻을 수 있습니다. "또 어떤 이는 가시떨기에 뿌려진 자니 이들은 말씀을 듣기는 하되 세상의 염려와 재물의 유혹과 기타 욕심이 들어와 말씀을 막아 결실하지 못하게 되는 자요"(막 4:18-19).

이 말씀은 무슨 뜻입니까? 욕심을 갖고 말씀을 들으면 결실할 수 없다는 뜻입니다. 욕심과 욕망을 기초로 한 신앙생활은 결코 열매를 맺을 수 없다는 말씀입니다. 우리의 신앙생활이 욕심을 근거로 시작되었다면 하나님께로부터 오는 귀한 은혜와 은총을 결코 경험할 수 없습니다.

요즘 한국 교회를 보며 참으로 안타까운 것은 욕심으로 가득 찬 종교 지도자들이 많다는 사실입니다. 한걸음 더 나아가 욕심으로 가득 찬 신도들의 모습도 자주 보게 됩니다. 그러다 보니 세상 사람들이 보기에, '기독교인' 하면 '욕심 많은 사람'으로 비추어지는 것 같습니다.

목회데이터연구소의 조사에 따르면, '우리나라의 종교인과 종교단체가 제 역할을 잘 하고 있느냐'는 질문에 2018년도에는 '그렇다'고 응답한 사람이 7%였다고 합니다. 2년 후인 올해 다시 똑같은 조사를 했는데, 1%가 하락해 겨우 6%만이 '종교인이 종교인답게 살고 있다'라고 대답했다고 합니다. 참으로 안타까운 일이 아닐 수 없습니다.

야고보서 4장은, 욕망에 어떤 악한 삶의 열매가 맺히는가를 잘 보여 줍니다. 특히 4절은 성적인 실패를 경고합니다. "간음한 여인들아 세상과 벗된 것이 하나님과 원수 됨을 알지 못하느냐 그런즉 누구든지 세상과 벗이 되고자 하는 자는 스스로 하나님과 원수 되는 것이니라."

이제 무슨 말을 더하겠습니까? 욕심은 하나님과 우리 사이를 멀어지게 하며, 이웃과의 다툼을 일으키고, 진정한 구도자의 삶을 살지 못하게 하며, 하나님의 응답을 받지 못하게 하고, 성적인 타락과 악행, 악한 자와의 결탁으로 이어지게 합니다. 그렇기에 주님께서도 우리에게 이렇게 말씀하십니다. "그러므로 내가 이것을 말하며 주 안에서 증언하노니 이제부터 너희는 이방인이 그 마음의 허망한 것으로 행함 같이 행하지 말라 그들의 총명이 어두워지고 그들 가운데 있는 무지함과 그들의 마음이 굳어짐으로 말미암아 하나님의 생명에서 떠나 있도다 그들이 감각 없는 자가 되어 자신을 방탕에 방임하여 모든 더러운 것을 욕심으로 행하되 오직 너희는 그리스도를 그같이 배우지 아니하였느니라"(엡 4:17-20).

욕망의 옛사람을 버리고, 성령께 새사람이 되는 은총을 구합시다

그렇다면 우리는 어떻게 욕심을 거둬 낼 수 있을까요? 어떻게 하면 욕심으로부터 자유로울 수 있을까요?

한 존경받는 종교인에게 어떤 분이 "어떻게 하면 욕심을 버릴 수 있느냐"는 질문을 했습니다. 그분의 대답은 단 한 문장이었습니다. "그냥 놓아라." 성의 없는 대답처럼 들리지만, 사실 깊이 묵상하고 생각하고 명상한 대답입니다. 차 문을 열고 가볍게 내리듯이 욕심으로부터 내려오라고 조언했습니다. 그러면 처음에는 큰일이 날 것 같아도 생각보다 쉽게 내릴 수 있을 것이라고 조언해 주었습니다. "욕심의 열차는 가짜이기 때문이다"라고 덧붙이며 말입니다. 많은 분이 좋아하는 법륜 스님의 이야기입니다.

저는 욕심과 관련한 성경 말씀이 그분의 깨달음과 크게 다르지 않다고 생각합니다. 욕심을 가지고 살아간다는 것은 결국 인생을 불행하게 만들 수밖에 없습니다. 우리가 인생을 탐구해 봐도 알게 되는 진실이며, 성경 말씀을 통해서도 얻게 되는 진리입니다. 때문에 가능한 한 빨리 욕망의 열차에서 내리는 것이 중요합니다. 그것이 지혜입니다. 욕심의 끝에는 반드시 불행과 파멸이 기다리고 있기 때문입니다.

"욕심이 잉태한즉 죄를 낳고 죄가 장성한즉 사망을 낳느니라"(약 1:15). '내가 욕심을 부리고 있지'라고 생각한 분이 있다면, 다시 한 번 깊이 생각해 보시기를 바랍니다. 욕심을 붙잡는 순간, 그 안에는 이미 사망이 존재하고 있습니다. 죽음이 함께하고 있다는 사실을, 파멸이 함께하고 있다는 사실을 꼭 기억하시기를 바랍니다.

우리 주님께서도 이렇게 말씀하십니다. "너희는 유혹의 욕심을 따라 썩어져 가는 구습을 따르는 옛사람을 벗어 버리고"(엡 4:22). '옛 모습'을 내어 버리라는 말씀입니다. 여기까지는 세상의 지혜자들과 같습니다. 욕심을 버리는 것이 매우 중요합니다. 그냥 놓는 것이 중요합니다. 나오는 것이 중요합니다. 빠를수록 좋습니다.

그런데 우리 주님께서는 여기서 한걸음 더 나아가 매우 중요한 말씀을 덧붙여 주셨습니다. "오직 너희의 심령이 새롭게 되어 하나님을 따라 의와 진리의 거룩함으로 지으심을 받은 새사람을 입으라"(엡 4:23-24). 이것이 바로 기독교가 다른 종교와 구별되는 지점입니다. 욕심을 버리고 나오는 것도 중요합니다. 욕망의 걸음을 멈추겠다고 결단하는 것도 중요합니다. 하지만 다시 욕심으로 돌아가지 않는 것이 더 중요합니다. 왜냐하면 인간은 연약한 존재이기 때문입니다. 잠시 욕심을 버릴 수 있어도, 또다시 욕심의 노예가 될 확률이 높습니다. 때문에 주님께서도 이렇게 말씀하십니다. "심령이 새롭게 되어야 한다. 새사람이 되어야 한다."

성령을 통해 우리의 관점이 새롭게 바뀌어야 한다는 뜻입니다. 새로운 자아로 거듭나야 한다는 뜻입니다. 하나님의 형상이 담긴 거룩한 존재로 다시 태어나야만 한다는 말씀입니다. 이것은 성령의 일입니다. 그러므로 오직 은혜입니다.

우리가 해야 할 일은 하나님께서 우리를 위해 일하시도록 우리 자신을 드리는 것입니다. 욕망으로 기도하던 것을 멈추고, 욕심으로 신앙생활 하던 것을 멈추고, 모든 것을 내려놓고 하나님의 말씀 앞에 서서 그 말씀의 의미를 받아들이는 것입니다. 내 마음 깊은 곳에 있는 영혼의 울림을 하나님께 아뢰어 드리는 것입니다. 기도하는 것입니다. 이렇게 할 때, 하나님께서 성령 안에서 우리를 새 존재로 빚어 주실 것입니다.

지난 시간을 돌아봅니다. 갓 태어난 아이처럼 우리의 살결이 부드러웠습니다. 우리의 마음도 부드러웠습니다. 그러나 우리에게는 세상살이라는 무거운 짐이 있었습니다. 그 속에서 욕심 부리지 않을 수 없는 상황에 놓이기도 했습니다. 그래서 붙잡았습니다. 꽉 잡고 놓지 않았습니다. 그럴수록 살결은 거칠어졌고, 우리의 마음도 딱딱해졌습니다. 단단해졌습니다. 움켜쥐려 하는 욕심으로 가득 찬 우리의 모습을 다시 살펴보면 좋겠습니다. 엉클어진 모습, 볼품없는 모습에서 우리가 벗어나기를 주님께서도 원하고 계십니다. 우리가 새롭게 되기를 원하십니다. 새로운 교회가, 새로운 성도가,

새로운 자아가 되기를 원하십니다. 그래서 오늘도 주님께서 우리에게 이렇게 요청하십니다.

"여러분은 지난날의 생활 방식대로 허망한 욕정을 따라 살다가 썩어 없어질 그 옛 사람을 벗어버리고, 마음의 영을 새롭게 하여, 하나님의 형상을 따라 참 의로움과 참 거룩함으로 지으심을 받은 새 사람을 입으십시오"(엡 4:22-24, 새번역성경).

기도

하나님, 마음과는 다르게 욕망의 노예가 되어 살아가는 우리에게 주신 "이제 그만 놓아라!"라는 주님의 명령을 받습니다. 본토 친척 아비 집을 떠난 아브라함처럼 우리도 욕심을 버리기를 원하오니 새사람을 입게 하옵소서. 참된 만족으로 주님을 따르는 제자 되게 하옵소서. 아멘.

3부

열매 맺는
기다림에

지
지

않
기 .

고단한 삶을 주께 드릴 때

—

시편 127:1-2

역병과 기근 속에서도
주님은 말씀하십니다

'COVID19'라는 이름이 붙여진 지 삼 일째 되던 날인 2020년 1월 12일 주일, '포로에게 말씀하시다'라는 제목 아래 하나님의 말씀을 증언했습니다. 당시 저는 그 말씀이 코로나19 상황과 연결될 것이라는 생각을 하지 못했습니다. 강하게 역사하시는 하나님의 인도를 느끼면서도, 개인적으로는 신년에 하고 싶지 않은 설교였습니다. 신년에 포로로 잡혀갈 것이란 말씀을 듣고 싶어 할 성도는 없기 때문입니다. 하지만 하나님의 인도하심에 따라 말씀을 증언했습니다.

그날 저는 포로로 잡혀간 이스라엘의 백성에 빗대어 우리의 모습을 돌아보았습니다. 하나님께서 이렇게 말씀하셨습니다. "이제 그 땅에서 나오려고 하지 말고, 그곳에서 집을 짓고 살아라. 결혼도 하고, 아이도 낳고 살아라." 돌이켜 보니, 우리를 향한 정확한 하나님의 말씀이었습니다. 코로나19 상황에서도 결혼식이 진행되고 있습니다. 아이들도 태어나고, 일상도 이어집니다. 수천 년 전 이스라엘 백성이 경험한 일들을 우리가 경험하고 있다는 생각이 듭니다. 예레미야 29장 17-18절 말씀을 봅시다. "만군의 여호와께서 이와 같이 말씀하시되 보라 내가 칼과 기근과 전염병을 그들에게 보내어 그들에게 상하여 먹을 수 없는 몹쓸 무화과 같게 하겠고 내가 칼과 기근과 전염병으로 그들을 뒤따르게 하며 그들을 세계 여러 나라 가운데에 흩어 학대를 당하게 할 것이며 내가 그들을 쫓아낸 나라들 가운데에서 저주와 경악과 조소와 수모의 대상이 되게 하리라."

이 말씀이 어떻게 느껴지십니까? '이 말씀이 우리에게 도래했구나' 하는 생각이 들지 않나요? 이런 상황에서 '우리가 과연 즐겁고 기쁨에 넘치는 주일을 보낼 수 있을까?' 하는 의문이 들기도 합니다. 많은 사람이 생명을 잃고, 경제 상황도 악화되었으며, 코로나로 인한 우울감을 호소하는 사람도 늘어 가는 상황에서 '감사'의 고백이 터져 나오기는 어려울 것입니다. 위기의 상황에서 감사가 우리 삶에 어떤 의미가 될 수 있을지 생각하시는 분들도 많을 것입니다. 바로 이 주제 앞에 우리가 서 있습니다.

시련과 역경 속에서
추수감사주일의 역사는 시작되었습니다

놀랍게도, 역사적으로 첫 추수감사절이 태동되던 때와 오늘의 상황은 매우 흡사합니다. 1620년에 미국으로 출항한 메이플라워 호를 기억하실 것입니다. 102명의 승객과 26명의 선원이 타고 있던 배입니다. 종교의 자유를 위해 떠난 길이었습니다. 승객의 평균 나이가 32세였고, 최고령이 64세였습니다. 어른이 71명, 아이들이 31명 탑승했습니다. 항해 중에 배 안에서 한 아이가 태어났습니다. 잠시 승객 수가 103명으로 늘었습니다. 그러나 존 호우란드라는 사람이 그만 파도에 휩쓸려 실종됩니다. 때문에 다시 승객 수가 102명이 됩니다. 떠난 사람과 도착한 사람의 수는 똑같았지만, 숫자만 같을 뿐 상황이 달라졌습니다.

우리의 인생이 이렇지 않습니까? 분명한 목표를 두고 떠난 사람이 있지만, 목표지에 도달한 사람은 또 다른 사람이 됩니다. 도착하려던 목적지는 오늘의 뉴욕이었지만, 그곳에 닻을 내리지도 못했습니다. '케이프 코드'(Cape Cod)라는 곳에 11월 11일에 닻을 내려 정착하게 됩니다. 출항한 지 66일 만의 일이었습니다. 1620년 11월 12일 주일이었습니다. 그 땅에서 그들은 주일 예배를 드리고 정착해 살기 시작했습니다. 하지만 맹추위와 맞서 싸워야 했습니다. 집을 지을 시간도 없어 배 위에서 긴 겨울을 보내야 했습니다. 알 수 없는 질병이 퍼지면서 많은 사람이 죽는 일도 발생했고, 많은 우여곡절의 시간을 보내야 했습니다. 봄을 맞을 무렵, 배 안의 승객은 102명에서 53명으로 줄어 있었습니다. 선원의 수도 13명으로 줄었습니다. 약 절반의 사람만이 살아남은 비극적인 정황이었습니다. 그렇게 1년을 보내고 그 땅에서 인디언들의 도움을 받아 3일간 축제를 벌입니다. 하나님께 감사 예배를 드리는데, 그것이 바로 첫 번째 추수감사절이었습니다.

어떻습니까? 우리의 상황과 참 많이 닮았다는 생각이 들지 않으십니까? 우리 역시 연초만 하더라도 많은 계획을 세우며 한 해를 멋지게 시작합니다. 하나님께서 어떤 새로운 일들을 펼쳐 주실지 기대도 많이 합니다. 그러나 한 해를 마무리하는 때가 되면 우리가 절실히 깨닫게 되는 진리가 있습니다. '여호와께서 세우지 아니하시면…' 이 말씀이 우리의 가슴을 깊이 파고듭니다.

처음 '코로나19'라는 병명을 들었을 때만 해도 오늘날의 과학과 의학 기술로 능히 정복할 수 있을 것이라고 예측했습니다. 얼마든지 이겨낼 수 있으리라고 생각했습니다. 그러나 바이러스 하나 이기지 못하고 무너지는 인간의 연약한 현실을 직시합니다. 하나님의 창조 질서를 파괴한 인간의 죄악으로 말미암아 오늘과 같은 현실을 마주하게 되었음을 인정하지 않을 수 없습니다.

우리의 수고와 하나님의 돌보심이 만나
풍성한 결실이 맺힙니다

시편 127편은 성전으로 올라가며 부르는 이스라엘 백성의 노래입니다. 아마 그들은 자신의 자리에서 최선을 다하며 살다 하나님 앞으로 나아갔을 것입니다. 그리고 하나님 앞에서 이렇게 고백합니다. "여호와께서 집을 세우지 아니하시면 세우는 자의 수고가 헛되며 여호와께서 성을 지키지 아니하시면 파수꾼의 깨어 있음이 헛되도다"(시 127:1).

이런 고백을 하는 사람은 아마 열심히 살았던 사람이 아닐까요? 집을 세우기 위해 노력한 사람, 성을 지키기 위해 노력한 사람들이 이와 같은 고백을 드릴 수 있었을 것입니다. 즉 최선을 다해 집을 세워 본 사람들만이 할 수 있는 고백입니다. 내 힘과 노력으로, 온 정성을 쏟아 일을 추진해 본 사람들이 여러 난관에 부딪히며 이러한 고백을 얻게 되는 것입니다.

이처럼 인간은 무언가를 세우고 지키고 싶어 하는 속성이 있습니다. 다만 그 모든 게 결코 인간의 힘만으로 되지 않는다는 것을 경험하며 살게 됩니다. 내 힘과 노력도 필요하지만, 하나님의 도우심이 없다면 모래 위에 쌓은 성이 될 것입니다. 우리가 하나님과 함께 협력할 때 온전한 집, 완전한 성을 세울 수 있습니다. 우리는 그 협력을 추수하는 곡식을 통해 확인할 수 있습니다.

레위기 2장을 보면, 하나님께서 소제를 명령하시는 장면이 나옵니다. 소제란 감사의 제사입니다. 하나님께 감사제를 드릴 때는 곡식으로 제사를 드릴 것을 명하셨습니다. 화목제나 속죄제, 속건제는 짐승을 잡아 드리는 제사지만, 감사 제사만큼은 곡식으로 드릴 것을 명하신 것입니다. 왜일까요? 여러 이유를 추측해 볼 수 있겠지만, 저는 이런 생각이 들었습니다. 오늘 추수하는 이 곡식 단은 1년 전에는 없었던 곡식 단입니다. 그때는 존재하지도 않았던 곡식 단인데, 누군가 그 사이 땅에 씨를 뿌리고 심었기 때문에 자라난 수확물이 된 것입니다. 즉 뿌리는 자가 있기에 거두는 자가 있습니다. 심는 자가 거두는 법입니다. 심지 않는 자는 거둘 수가 없습니다. 그러므로 성경은 증언합니다. "눈물을 흘리며 씨를 뿌리는 자는 기쁨으로 거두리로다. 울며 씨를 뿌리러 나가는 자는 반드시 기쁨으로 그 곡식 단을 가지고 돌아오리로다"(시 126:5-6).

추수하고자 하는 사람은 반드시 봄에 씨앗을 파종해야 합니다. 그래야 가을에 추수할 수 있습니다. 열심히 일한 사람이 더 많이 거두게 됩니다. 이것이 하나님의 법칙이자 창조 질서입니다. 우리는 곡식의 주기를 통해 한 가지 진리를 체득합니다. 열심히 일하지 않는 사람은 많이 거둘 수 없다는 사실입니다. 뿌리지 않는 사람은 거둘 수 없습니다. 이것이 하늘의 원리이며, 하나님 나라의 정신입니다.

그러나 동시에 한 가지 더 생각해야 할 부분이 있습니다. 우리가 열심히 뿌리고 가꾸지만, 그렇다 해서 모두가 언제나 좋은 수확을 얻을 수 있는 것은 아니라는 점입니다. 우리의 씨앗이 때로는 가시 덤불에, 때로는 돌밭에, 때로는 뙤약볕이나 길가에 잘못 뿌려질 수도 있습니다. 내가 뿌린 모든 씨앗이 다 잘 자랄 수는 없다는 것입니다. 옥토에 떨어진 씨앗도 태풍을 만나 스러질 수 있습니다. 좋은 곡식을 추수하기 위해서는 적절한 온도와 바람, 햇볕이 수반되어야 합니다. 수많은 노력과 자연의 조화가 이루어질 때 풍성한 열매를 얻을 수 있습니다. 물론 어느 정도 인간의 노력으로 그 조건들을 충족할 수는 있습니다. 하지만 인간이 그 모든 것을 이루어 낼 수는 없습니다. 하나님께서 도와주셔야만, 하나님께서 허락해 주셔야만 더욱 온전하고 풍성한 열매를 맺을 수 있습니다.

추수한 열매를 들고 주님 앞에 나오는 사람은 어떤 마음일까요? 두 마음이 공존할 것입니다. 자신이 열심히 일해서 하나님께 드리게 되었다는 자부심과 동시에 하나님께서 이 모든 것을 허락해 주셨다는 감사입니다. 수확물을 바라보며 수고한 자신을 격려하는 동시에 올 한 해 함께하신 하나님께 감사의 고백을 드리는 것입니다. 그래서 말씀도 이렇게 증언합니다. "일찍 일어나고 늦게 눕는 것, 먹고 살려고 애써 수고하는 모든 일이 헛된 일이다. 진실로 주님께서는, 사랑하시는 사람에게는 그가 잠을 자는 동안에도 복을 주신다"(시 127:2, 새번역성경).

"내가 잠을 자는 동안에도 하나님께서는 나를 위해 일하셨습니다"라는 고백이 곡식을 들고 주님 앞에 나와 감사드리는 감사자의 자세라는 말씀입니다. 우리는 이 말씀을 이렇게 고백할 수도 있습니다. "하나님, 제가 일찍 일어난들, 먹고 살려고 애쓴들 무슨 소용이 있겠습니까? 물론 최선을 다해 살겠지만, 하나님께서 진노하시면 제가 한 수고가 아무 소용이 없다는 것을 알고 있습니다. 그러므로 저를 긍휼히 여기시고 도와주옵소서. 주님의 도움이 필요한 인생입니다. 열심히 수고하며 살겠지만, 동시에 이 모든 것을 하나님께 맡기겠습니다. 하나님께 내 삶을 의탁하오니, 하나님께서 돌보아 주시고 책임져 주시옵소서."

그래서인지 개역개정판으로 이 말씀을 살펴보면 또 다른 깊은 의미를 발견할 수 있습니다. "너희가 일찍이 일어나고 늦게 누우며 수고의 떡을 먹음이 헛되도다 그러므로 여호와께서 그의 사랑하시는 자에게는 잠을 주시는도다"(시 127:2). 주님께 모든 것을 맡기며 평안을 누리며 살겠다는 시인의 고백이자 선언입니다.

하나님께서 우리를 위해 일하시니,
우리가 드릴 고백은 '감사'뿐입니다

예레미야 말씀으로 돌아가 봅니다. "만군의 여호와 이스라엘의 하나님께서 예루살렘에서 바벨론으로 사로잡혀 가게 한 모든 포로에게 이와 같이 말씀하시니라 너희는 집을 짓고 거기에 살며 텃밭을 만들고 그 열매를 먹으라"(렘 29:4-5).

 "텃밭을 만들고 그 열매를 먹으라"는 포로 된 자리에서 씨를 뿌리라는 말씀입니다. 또 그 열매를 가꾸고 먹으라는 주님의 말씀입니다. 이 말씀에 따라 우리도 어려운 환경 가운데서도 주님 앞에 내 삶의 열매를 들고 나갑니다. 작으면 작은 대로, 많으면 많은 대로, 보기 좋으면 좋은 대로, 못 하면 못 한 대로, 우리가 하나님께 받은 분깃을 내어놓습니다. 포로로 잡혀 온 자리에서 얻은 열매들을 주님께 바칩니다. 또한 주님께서도 분명히 약속해 주셨습니다. "여호와의 말씀이니라 너희를 향한 나의 생각을 내가 아나니 평안이요 재앙이 아니니라 너희에게 미래와 희망을 주는 것이니라"(렘 29:11).

 우리가 비록 포로의 형편에서 살아가고 있지만, 주님께서 우리에게 약속하시는 것은 평안이자 희망이라고 말씀해 주십니다. 포로의 자리에서도 우리와 함께하시는 하나님을 보게 하십니다. 이 포로 된 자리에서도 하나님께서 우리의 편이 되어 주시겠다고 약속해 주신 것입니다. 하나님은 우리를 위해 일하시는 분입니다.

 그러므로 우리는 손에 들린 소산과 곡식을 바라보며 하나님께 감사를 드립니다. "주님께서 나를 위해 일하셨습니다. 우리도 열심히 수고했지만, 주님께서 우리와 함께하시며 우리를 위해 힘써 주셨습니다." 그 주님께 감사 고백을 드리지 않을 수 없습니다. 그래서 우리는 고백합니다. "여호와께서 집을 세우지 아니하시면 세우는 자의 수고가 헛되며 여호와께서 성을 지키지 아니하시면 파수

꾼의 깨어 있음이 헛되도다 너희가 일찍이 일어나고 늦게 누우며 수고의 떡을 먹음이 헛되도다"(시 127:1-2 중).

우리가 주님께 드릴 고백은 감사뿐입니다. 오직 주님만을 찬양하며 감사하시길 바랍니다. "모든 육체에게 먹을 것을 주신 이에게 감사하라 그 인자하심이 영원함이로다 하늘의 하나님께 감사하라 그 인자하심이 영원함이로다"(시 136:25-26).

기도

하나님, 현실의 여러 어렵고 힘든 상황 속에서도 열심히 씨를 뿌리게 하시고 일하게 하시니 감사합니다. 지금까지 인도하심을 감사드립니다. 우리를 사랑하시는 하나님의 마음을 알고 어떤 형편에서든지 실망하지 않고 감사하는 주님의 자녀들이 되게 하옵소서. 아멘.

번아웃된 하나님의 사람

열왕기상 19:15-18

번아웃된 인간,
엘리야를 소개합니다

국립국어원이 만든 우리말샘 사전은 '번아웃'이란 표현을 이렇게 정의합니다. "번아웃(burnout)이란 어떠한 활동이 끝난 후 심신이 지친 상태, 과도한 훈련에 의하거나 경기가 원하는 대로 풀리지 않아 쌓인 스트레스를 해결하지 못하여 심리적, 생리적으로 지친 상태다." 이 단어는 뉴욕의 정신분석가 프로이텐버거(Herbert Freudenberger)가 처음 명명한 말이라고 합니다. 그래서 정신분석학적으로 번아웃 증후군(burnout syndrome)이라는 말이 있는데요. 의욕적으로 일에 몰두하던 사람이 극도의 신체적, 정신적 피로감을 호소하며 무기력해지는 현상을 말합니다. 포부 수준이 지나치게 높고 전력을 다하는 사람에게 나타난다고 하는데, 한국말로는 소진 증후군, 연소 증후군, 탈진 증후군이라고도 불립니다.

휴가를 갖는 이유가 무엇일까요? 몸과 마음을 건강하게 유지하려는 이유가 있겠지요? 쉼이 있어야 일에도 능률이 오르고 의욕도 생겨나기 때문입니다. 지친 사람은 일하기 어렵고 일을 해도 능률이 잘 오르지 않습니다. 그래서 쉬면서 건강한 몸과 마음의 상태를 유지하는 것이 또 하나의 의무라는 생각이 듭니다.

주변에서 번아웃된 사람들을 종종 봅니다. 특별히 열심히 살아가는 사람들에게 탈진 현상이 많이 나타나죠. 신앙생활을 하면서 번아웃을 경험하신 분들도 꽤 있을 것입니다. 찬양대 봉사하고, 교사로 봉사하고, 해외 선교도 나가고, 식당 봉사에도 참여하면서 시간 나는 대로 최선을 다하다가 결국은 녹초가 되어 마음이 무너지고, 열정도 사라지는 경우를 보았습니다.

심지어는 신앙마저 약해지기도 합니다. 한 부서에서 모든 것을 도맡아 해 오시던 성도님이 탈진이 되셔서 그만 교회를 떠나시는 경우를 보기도 했습니다. 회사 생활 가운데도 번아웃을 경험하신 분들이 많을 줄 압니다. 근무 시간 상관없이 열심히 나와서 이것저것 일도 하고 회사의 이익을 높이기 위해 혼신의 힘을 다하다가, 어느 순간 스스로만 발버둥치는 것 같은 마음에 섭섭해지면서 다 내려놓고 싶은 경험을 하신 분들도 많을 것입니다.

코로나19로 인해 전업 주부 중에도 번아웃 신드롬에 걸리신 분들이 계실 듯합니다. 가정에서 함께 있는 일이 많아지면서 자녀들 돌보고, 식사 준비하고, 청소와 빨래 등 많은 일들이 늘어났죠. 그러다 보니 씩씩하게 해 오시던 엄마들이 번아웃이 되어서 우울해지고 신경질적이 된다는 이야기를 종종 듣습니다. 혹시 번아웃된 분들이 있으시다면 엘리야의 이야기가 도움될 것입니다. 한편으론 코로나19 때문에 교회 생활을 열심히 하시던 분들이 한 발자국 물러나서 쉬는 시간을 갖고 계시진 않을까 생각합니다. 반면에 코로나19로 이전보다 바빠진 분들도 계십니다.

이런 때에 번아웃되었던 과거를 돌아보면서 어떻게 하면 교회 생활을 다시 지혜롭게 시작할 수 있을지, 어떻게 번아웃되지 않을 수 있을지 생각하며 다짐해 봅시다. 제가 심리 전문가는 아니지만 하나님의 말씀을 가지고 지독한 절망감과 무기력증, 우울증의 문제를 극복할 수 있는 방안을 함께 찾아보길 원합니다.

기적의 사람 엘리야도
절망의 시간을 보냈습니다

열왕기상 19장 15-18절은 모두가 잘 아시는 선지자 엘리야 이야기입니다. 엘리야 하면 탈진 상태에 빠져 있던 이미지가 떠오르실 것입니다. 하나님께서 로뎀나무 아래에 있던 그를 먹이시고 다시 일으켜 주셨지요. 성경에 등장하는 선지자 중에 엘리야만큼 무기력증에 빠졌던 사람도 없을 것 같습니다. 그래서 탈진에 빠진 엘리야 이야기는 많은 교훈들을 줍니다. 같은 맥락에서 이 말씀을 살펴보고자 합니다.

사실 엘리야는 모세만큼 많이 나오는 인물은 아닙니다. 열왕기상과 열왕기하에 집중적으로 등장할 뿐, 구약성경의 다른 부분에는 많이 언급되지 않습니다. 그러나 유대인들에게 엘리야는 모세와 더불어 선지자를 대표하는 매우 중요한 인물입니다. 예수님을 가리켜 자신들이 기다리던 엘리야가 맞냐고 물을 정도였습니다. 변화산에서도 모세와 엘리야는 예수님과 함께하는 중요한 인물로 묘사됩니다.

가장 잘 알려진 엘리야 이야기 중에는 갈멜산에서의 제사가 있지 않을까 생각합니다. 엘리야는 아합 왕 시대 바알 신에 대항하던 선지자였습니다. 그는 갈멜산에서 450명의 바알 예언자, 400명의 아세라 예언자들과 누구의 제사가 응답받을지를 두고 큰 대결을 벌입니다. 제물 위에 물을 붓게 하고는 하나님께 기도해서 하늘에서 내려온 불이 모든 제물을 태워 버리도록 한 선지자였습니다. 이처럼 엘리야에게는 놀라운 능력과 기적이 늘 따라다녔습니다. 사르밧 과부의 죽은 아들을 다시 살려낸 기적의 선지자이기도 합니다.

그런데 재미있게도 놀라운 선지자, 능력의 선지자였던 엘리야조차도 지독한 절망의 시간을 보냈습니다. 말씀은 우울증과 절망감에 빠진 엘리야의 이야기를 전해 줍니다. 열왕기상 19장은 이렇게 시작합니다. "아합이 엘리야가 행한 모든 일과 그가 어떻게 모든 선지자를 칼로 죽였는지를 이세벨에게 말하니"(왕상 19:1).

다시 말해 오늘 이야기는 엘리야가 갈멜산에서 번제를 드리고 바알과 아세라 선지자 850명을 죽인 후에 일어난 일입니다. 19장에 와서 이세벨은 갈멜산에서 일어난 일을 듣게 됩니다. 그녀는 엘리야에게 심부름꾼을 보내서 "내가 너를 반드시 죽이겠다"고 협박합니다. "네가 예언자들을 죽였으니, 나도 너를 죽이겠다. 내가 내일 이맘때까지 너를 죽이지 못하면, 신들에게서 천벌을 달게 받겠다. 아니, 그보다 더한 재앙이라도 그대로 받겠다"(왕상 19:2 중, 새번역성경).

엘리야는 갑자기 두려움을 느끼며 도망가기 시작합니다. 그리고는 브엘세바를 통과해서 광야에 홀로 들어가 로뎀나무 아래에 이릅니다. 나무 아래에서 죽기를 탄원하는데, 그 내용이 열왕기상 19장 4절에 기록되어 있습니다. "주님, 이제는 더 바랄 것이 없습니다. 나의 목숨을 거두어 주십시오. 나는 내 조상보다 조금도 나을 것이 없습니다"(새번역성경).

우리는 엘리야의 탄원으로부터 기적적인 제사를 드린 사람조차도 심각한 열등감을 느낀다는 사실을 발견합니다. 엘리야 같은 대단한 선지자가 어떻게 이렇게 한순간에 절망감에 빠지게 되었을까요? 참 풀기 어려운 부분입니다.

기적에 의존하는 마음과 고독감이
절망을 부추깁니다

엘리야가 극도의 절망감에 빠진 이유를 풀 수 있는 열쇠가 있다면 첫 번째로는 갈멜산에서 제사를 드릴 때 그가 어떤 의도와 기대를 가졌는지를 살펴볼 필요가 있습니다. 엘리야가 갈멜산에서 하나님께 제사드리며 기도합니다. 열왕기상 18장 37절입니다. "여호와여 내게 응답하옵소서 내게 응답하옵소서 이 백성에게 주 여호와는 하나님이신 것과 주는 그들의 마음을 되돌이키심을 알게 하옵소서 하매."

기도의 결과는 아시는 대로입니다. 하나님께서 불을 내리셔서 모든 제물을 다 살라 가져가시죠. 엘리야의 승리였고 하나님의 승리였습니다. 어쩌면 엘리야는 이런 생각을 했을지도 모릅니다. '이야, 이거 한 방이면 끝난다.' '이거 하나면 누구도 하나님을 부인할 수 없겠다. 놀라운 기적 하나로 모든 사람들은 회개하며 돌아올 것이고 하나님 앞에 서게 될 것이다.' 아주 야심찬 기대를 했을 것입니다. 게다가 엘리야는 갈멜산 제사에서의 기적 이후 큰 비를 내리는 기적까지 덤으로 보여 줍니다. 이러한 기적을 행하면서 엘리야는 속으로 생각했을지 모릅니다. '이젠 끝! 게임 끝! 이제 너희는 어쩔 수 없을 것이다. 내일이면 나에게로 와서 하나님을 믿고 따르는 법을 가르쳐 달라며 회개할 것이다.'

그런데 결과는 어떠했습니까? 오히려 이세벨은 엘리야에게 심부름꾼을 보내 죽이겠다고 말합니다. 마치 권투 시합에서 마음을 먹고 일격을 가했는데도 다시 일어나는 상대편을 보는 것만 같습니다. 있는 힘을 다해 때렸는데 또다시 일어납니다. 비틀거리듯 쓰러지는 권투 선수가 다시금 상대편을 바라보고는 흰 이빨을 드러내며 씩 웃습니다. 그 모습을 보는 상대편 선수의 마음은 어떻겠습니까? 힘이 빠지고 포기하고 싶어질 것입니다. 벌러덩 링 바닥에 누워 버리고 싶을 것입니다.

이것이 엘리야의 심정이지 않겠습니까? 놀라운 기적으로 하나님의 살아 계심을 보여 주었습니다. 그러면 이제는 하나님을 믿겠다고, 회개하고 돌아와야 하는데 도무지 그럴 기색이 보이질 않습니다. 악의 세력은 더 조여들어 오고 급기야는 엘리야를 죽이겠다고 압박합니다. 그러자 절망감을 느낀 그가 광야로 도망가 자신을 죽여 달라며 탄원합니다. 사실 엘리야는 기적에 의존해서 사역을 해 온 사람이었습니다. 놀라운 기적들이 그를 통해서 일어났죠. 죽은 자를 살리고, 가뭄을 해결하고, 갈멜산의 제사와 같은 기적들이 일어났습니다. 그러나 기적만으로는 항복시킬 수 없는 악의 세력을 서서히 경험합니다. 그렇게 엘리야는 절대적 절망감에 빠져들고 말았습니다.

하나님은 그런 엘리야를 어떻게 대우하시며 치료해 주셨습니까? 그에게 천사를 보내어 위로해 주셨습니다. 과자와 물을 먹이시고 회복시키신 후에 사십 일 사십 야를 거쳐 호렙산에 이르게 하셨습니다. 그리고 그곳 호렙에서 하나님은 엘리야를 치유하기 시작하십니다. 주님이 엘리야에게 두 번이나 물으십니다. "엘리야야 네가 어찌하여 여기 있느냐"(왕상 19:9 중).

어쩌면 하나님은 엘리야에게 이렇게 묻고 계셨을지도 모릅니다. "엘리야야, 네가 어찌하여 실망의 자리에 있느냐? 엘리야야, 네가 어찌하여 절망의 자리에 있느냐?" 그러자 엘리야가 대답합니다. "내가 만군의 하나님 여호와께 열심이 유별하오니 이는 이스라엘 자손이 주의 언약을 버리고 주의 제단을 헐며 칼로 주의 선지자들을 죽였음이오며 오직 나만 남았거늘 그들이 내 생명을 찾아 빼앗으려 하나이다"(왕상 19:10 중).

엘리야는 이 말을 한 번만 하지 않았습니다. 10절에서도 했고, 14절에서도 동일한 말로 하나님께 호소하듯 이야기합니다. 마치 어린아이가 아버지, 어머니에게 고소하는 듯한 장면에서 엘리야의 원통함이 느껴지기도 합니다. 여기서 우리는 엘리야가 지독한 절망감에 빠진 두 번째 원인을 찾아볼 수 있습니다. 바로 홀로 남았다는 고독감입니다. 엘리야가 하나님께 "이제 나만 홀로 남았습니다"라고 말합니다. "하나님, 나 하나만 남았습니다. 이런 일 당하는 사람은 나 하나입니다. 바알에게 절하지 않고 꿋꿋하게 정조를 지킨 사람은 나뿐입니다." 이 생각이 그를 절망으로 치닫게 합니다.

집안을 일으키기 위해 열심을 내는 사람이 혼자라는 생각을 하는 순간, 지독한 절망감과 우울증을 겪기 마련입니다. 일을 홀로 감당한다고 생각할 때에 우리는 쉽게 절망감에 빠집니다. 엘리야도 마찬가지였습니다. 그는 홀로 싸우고 있다고 생각했습니다. 그리고 이제는 기적으로도 어쩔 수 없는 악의 세력 앞에서 스스로 역부족이라고 생각하며 좌절하고 있습니다. 더 이상 남은 카드는 없습니다. "이제 나 혼자만 남았습니다."

하나님의 말씀은
절망과 고독감을 치유합니다

이제 하나님께서는 엘리야를 통해서 무엇을 하시기보다 그를 살려 내시고 새 힘을 주시는 일이 필요했습니다. 그래서 우울증에 빠진 엘리야를 호렙산에 세우시고는 다음과 같이 말씀하십니다. "주님께서 말씀하셨다. '이제 곧 나 주가 지나갈 것이니, 너는 나가서, 산 위에, 주 앞에 서 있어라.' 크고 강한 바람이 주님 앞에서 산을 쪼개고, 바위를 부수었으나, 그 바람 속에 주님께서 계시지 않았다. 그 바람이 지나가고 난 뒤에 지진이 일었지만, 그 지진 속에도 주님께서 계시지 않았다. 지진이 지나가고 난 뒤에 불이 났지만, 그 불 속에도 주님께서 계시지 않았다"(왕상 19:11-12 중, 새번역성경).

하나님께서는 엘리야를 호렙산에 세우셨습니다. 이어서 모세가 일찍이 호렙산에서 경험한 상황과 매우 흡사한 상황이 이어집니다. 이곳에서 모세는 연기를 내시고 지진을 일으키시며 불 가운데서 나타나신 하나님을 보게 됩니다. 즉 열왕기상 19장에 나오는 불과 지진, 바람 같은 것은 모세가 호렙산에서 하나님을 만났을 때 나타났던 징조였습니다. 그 장면이 출애굽기 19장과 33장에 기록되어 있습니다.

그런데 참으로 흥미롭게도 하나님은 엘리야에게 모세와는 다른 상황을 경험하게 하셨습니다. 바람이 지나가고 지진이 지나가고 불이 났지만, 하나님은 계시지 않았다는 것입니다. 이 사건은 무엇을 의미할까요? "너는 모세보다 못하다"고 말씀하시는 걸까요? "엘리야는 모세와는 다른 급이다"고 말씀하시는 걸까요? 이보다 중요하게는 하나님께서 기적을 일으키실 때는 그곳에 계시기도 하지만 계시지 않기도 하다는 사실을 말씀하고 계시는 것입니다. 후에 조용한 소리가 다시 들립니다. "엘리야야 네가 어찌하여 여기 있느냐"(왕상 19:13 중).

지금까지 엘리야는 기적으로 일한 사람이었습니다. 열정으로 기적을 일으키는 사람이었습니다. 하나님의 능력을 드러내는 사람이었습니다. 그러나 그 능력이, 그 성과가, 그 결과가 중요한 것이 아님을 경험케 하십니다. 하나님은 기적에 대부분 의존하던 엘리야에게 새로운 시각을 열어 주시며 말씀하십니다. 엘리야를 향한 하나님의 처방이었습니다. "너는 네 길을 돌이켜 광야를 통하여 다메섹에 가서 이르거든 하사엘에게 기름을 부어 아람의 왕이 되게 하고 너는 또 님시의 아들 예후에게 기름을 부어 이스라엘의 왕이 되게 하고 또 아벨므홀라 사밧의 아들 엘리사에게 기름을 부어 너를 대신하여 선지자가 되게 하라"(왕상 19:15-16 중).

이어서 한 말씀을 덧붙여 주십니다. "그러나 내가 이스라엘 가운데에 칠천 명을 남기리니 다 바알에게 무릎을 꿇지 아니하고 다 바알에게 입맞추지 아니한 자니라"(왕상 19:18). 하나님은 홀로 남았다고 스스로 절망하는 엘리야를 향해 "너만 남은 게 아니라 아직도 7천 명이나 남아 있다! 너 혼자가 아니다"는 말씀을 전해 주십니다. 혼자만 짐을 지고 있다고 착각하지 말라는 말씀이기도 하며, 너의 힘과 의지로 하는 게 아니라 하나님의 의지와 뜻 가운데서 이루어지고 있다는 사실을 알리는 말씀이기도 합니다.

**하나님의 말씀은 엘리야로 하여금
일상으로 돌아가도록 이끄신 섭리였습니다**

그렇다면 하나님의 처방은 어떤 의미겠습니까? 사실 절망하고 번아웃된 엘리야에게 왜 이런 말씀을 하셨는지 이해가 잘 되지 않기도 합니다. 말씀 속에 어떤 뜻이 담겨 있는지 궁금해지기도 합니다. 그런데 이 말씀 안에는 매우 중요한 하나님의 처방이 들어 있습니다. 우선 하나님은 엘리야에게 사람을 세우라고 명령하셨습니다. 혼자만 일하고 있다고 생각하지 말고 사람들을 세워서 그들과 함께 일하라는 말씀이었습니다. 한 사람이 쓰러질지라도 다른 사람이 다시 일어설 수 있도록 사람을 세우라는 뜻이었습니다.

"하사엘의 칼을 피하는 자를 예후가 죽일 것이요 예후의 칼을 피하는 자를 엘리사가 죽이리라"(왕상 19:17). 놀라운 말씀입니다. 함께 일하는 모습, 하사엘이 못하면 예후가 하고 예후가 못하면 엘리사가 한다는 뜻이지요. 혼자만 일하려 하지 말고, 독점하려 하지 말고 함께 일하는 법을 배우라는 뜻입니다. 사람을 세우고 도움받는 일을 두려워하거나 창피해 하지 말라는 의미도 숨어 있습니다.

두 번째로 하나님은 엘리야로 하여금 기적에 의존하지 않고 선지자 본연의 임무에 충실하게 하셨습니다. 매우 중요한 처방입니다. 하나님은 엘리야가 선지자로서 해야 할 일을 말씀하십니다. 하사엘을 아람의 왕으로 세우고, 예후를 이스라엘의 왕으로 세우고, 엘리사를 선지자로 세우라는 명령이었습니다. 즉 선지자로서 해야 하는 본연의 임무를 다하라는 것입니다. 기적을 통한 엑스터시에만 머물지 말고, 본연의 임무를 넘어서 바알과 아세라 제사장을 죽이는 일에 신경쓰지 말고, 주어진 일로 돌아가 그 일에 충실하라는 명령이었습니다.

사실 열왕기상 18장을 보면 하나님께서는 엘리야를 부르실 때 아합 왕에게 가라는 명령과 더불어 그들에게 비를 내리겠다는 말씀 외에는 하지 않으셨습니다. 그럼에도 엘리야는 아합 왕을 만난 다음에 비가 내리는 일은 뒤로 미루어 놓고 자신이 하고 싶은 일을 했습니다. 바알의 제사장과 대결해 하나님의 기적을 만들어 내는 일을 했죠. 창의적이고 자발적인 행위였지만 하나님의 명령은 아니었습니다. 그렇게 하다가 그는 도리어 절망감에 빠지고 우울감에 빠져든 것입니다.

그런 그에게 하나님은 일상으로 돌아가도록 격려하시고 주어진 일상의 일들 위에 안수하시며, 소명을 주셨습니다. 그렇다면 엘리야는 하나님의 말씀을 제대로 이해하고 행했습니까? 엄밀히 말하자면 엘리야는 하나님의 메시지를 제대로 이해하지 못한 듯합니다. 그는 계속해서 이적을 베푸는 일에 치중했습니다. 열왕기하 1장 12절을 보면 그를 잡으러 온 군사들을 향해서 이런 행동을 벌입니다. "내가 만일 하나님의 사람이면 불이 하늘에서 내려와 너와 너의 오십 명을 사를지로다 하매 하나님의 불이 곧 하늘에서 내려와 그와 그의 군사 오십 명을 살랐더라."

자신을 잡으러 온 군사들을 모두 불에 살라 죽이는 기적을 또 한 번 만들어 낸 것입니다. 그러면서도 하나님께서 명하신 일은 제대로 준행하지 않았습니다. 하나님께서 엘리사에게 기름을 부어 후계자로 세우라고 말씀하셨는데, 19절부터 이어지는 말씀을 보면 그 일에 대한 기록을 찾을 수 없습니다. 도리어 자신을 계속 따라다니던 엘리사를 멀리하려고 합니다. 결국 엘리사는 엘리야가 하늘로 올라갈 때 얻은 옷을 취하면서 후계자가 됩니다.

하사엘에게 기름을 부으라고도 하셨지만 이 일 역시 엘리야는 하지 못했습니다. 열왕기하 8장 11절을 보시면 이 일을 행한 사람은 엘리사였습니다. 예후에게 기름 붓는 것도 마찬가지였습니다. 열왕기하 9장 1절부터 보면 엘리사가 선지자 생도를 보내어 기름을 붓게 합니다. 이렇듯 참으로 아쉬운 점은 하나님의 처방이 엘리야 자신에게는 적용되지 못했다는 사실입니다. 그는 결국 불수레와 불말들을 타고 어디론가 사라졌습니다. 끝까지 기적과 함께한 사람이었습니다. 그러나 평범한 일상이나 작은 소명에는 만족하지 못하던 사람인 것 같습니다. 그래서 그는 불병거와 불말, 불과 함께 사라지는 결말을 얻습니다. 그야말로 번아웃했습니다.

어떤 인생을 살기를 원하십니까? 하나님께서 우리를 향해 "사람을 세우라. 그들과 함께 일하는 법을 배우라. 그리고 너의 작은 소명, 본분으로 돌아가 맡겨진 작은 일에 최선을 다해라"라고 말씀하십니다. 번아웃된 우리에게 주님께서 주시는 처방이 우리 모두에게 힘이 되고 지혜가 되기를 간절히 바랍니다.

기도

하나님, 지쳐 있는 우리를 긍휼히 여기시고 엘리야의 이야기를 통해 살 길을 알려 주시니 감사합니다. '나 혼자만'이라는 생각을 버리고 함께 일하는 법을 배우게 하시고, 일상과 작은 소명의 중요함을 누리며 살게 하옵소서. 아멘.

끈질긴 문제가 변화의 통로

—

열왕기하 5:9-14

하나님을 알지 못한 때에도
우리 삶에 관여하고 계십니다

시각 장애인 남성과 결혼한 한 여인이 있습니다. 유복한 가정에서 태어나 정상적으로 잘 자라난 아름다운 여인이었습니다. 그런 그녀가 시각 장애인과 결혼한다는 이야기를 듣고 가족들이 모두 나서서 반대합니다. 하지만 그 여인은 결혼했습니다. 그리고는 두가지 이유를 친구들에게 말했다고 합니다. 첫 번째 이유는 그를 정말로 사랑하기 때문이고, 두 번째는 남들 사는 인생이 아닌 그녀의 인생, 그녀의 삶을 살기 위해서라는 이유였습니다.

깊이 생각하게 하는 이야기입니다. 이 이야기를 우리 믿음에 적용해 볼 수 있겠습니다. '나는 정말 나만의 신앙을 가지고 사는가? 남들이 살아가는 신앙인의 모습을 흉내내면서 따라가지는 않은가?' 한 여인이 시각 장애인과 결혼하기로 결심하면서 자신이 선택한 인생이라고 당당하게 말할 수 있었듯이 우리 자신의 신앙생활, 믿음에 대해서도 당당하게 말할 수 있어야 하지 않을까요.

열왕기하 5장은 병 고침을 통해서 하나님을 알게 된 나아만 이야기입니다. 말씀에는 병 고침에 대한 아주 기본적인 요소들이 잘 갖추어져 있죠. 먼저는 문제로부터 시작합니다. 열왕기하 5장 1절은 나아만에게 나병이 있었다고 소개합니다. 그리고 이 문제에 대한 해결로 이야기는 끝이 납니다. 그가 깨끗하게 되었다는 결론이 14절에 나타납니다. 하지만 나아만의 이야기는 그것으로 끝나지 않습니다. 그가 어떻게 참된 예배자가 되었는지 과정을 보여 줍니다. 종인 게하시와의 관계를 통해서 하나님께서 베푸신 값없는 은혜를 깨닫고 고향으로 돌아와 하나님을 섬기기로 결단합니다. 그러므로 이 모든 과정이 나아만 이야기라고 할 수 있습니다. 5장 1절은 나아만 장군을 다음과 같이 소개하며 이야기를 시작합니다. "시리아 왕의 군사령관 나아만 장군은, 왕이 아끼는 큰 인물이고, 존경받는 사람이었다. 주님께서 그를 시켜 시리아에 구원을 베풀어 주신 일이 있었다. 나아만은 강한 용사였는데, 그만 나병에 걸리고 말았다"(새번역성경).

아람 왕의 군대 장관 나아만 이야기는 흥미로운 내용으로 시작됩니다. 성경은 나아만이 왕이 아끼는 사람이었고, 존경받는 사람이었다고 묘사합니다. 아마도 왕과 백성들에게 신임을 얻고 존경받은 장군이었던 것 같습니다. 이러한 설명과 더불어서 성경은 두

가지 사실을 전합니다. "여호와께서 전에 그에게 아람을 구원하게 하셨음이라"(왕하 5:1 중).

조금 의아하기도 하고 뜬금없는 내용이기도 합니다. 원어 성경은 이곳에 '야훼 여호와'라는 단어를 넣어서 표현합니다. 즉 시리아의 군대 장관 나아만이 아람(시리아)을 구원하는 데 큰일을 하도록 하나님께서 도우셨다는 말씀입니다. 하나님을 알지 못하던 나아만입니다. 하나님의 이름조차도 알지 못했습니다. 그저 시리아에 충성된 장군이었을 뿐입니다. 어쩌면 명예욕에 따라, 혹은 사명감에 따라 나라를 구했을지도 모릅니다. 그런데 성경은 하나님께서 이미 그와 함께하셨다고 말합니다. 하나님을 알지 못한 사람과 함께하고 계셨다는 뜻입니다.

우리에게도 동일하게 적용할 수 있습니다. 하나님을 알지 못하던 때에, 그저 사업을 하고 연구를 하고 세상적인 일을 하던 때에 하나님께서 우리 삶에 관여하고 계셨다는 것입니다. 우리를 하나님의 사람으로 이끌기 위한 하나님의 계획과 섭리가 이미 이루어지고 있었다는 뜻이기도 합니다. 하나님께서는 나아만이 여호와를 알지 못하던 때에 그를 주목하고 계셨고, 그와 함께하셔서 승리에 관여해 주셨습니다. 나아만의 세상적인 성공은 하나님께서 관여하신 결과였습니다. 이것이 바로 나아만이 얻은 첫 번째 은혜였습니다. 그러나 나아만은 알지 못하고 있었겠지요.

성경은 나아만과 관련해 두 번째 이야기를 알려 줍니다. "그는 큰 용사이나 나병환자더라"(왕하 5:1 중). 나아만은 대단한 장관이었습니다. 그런데 그에게는 한 가지 문제가 있었습니다. 나병이라는 질병입니다. 여기서 나병이라고 표현된 이 병이 우리가 알고 있는 문둥병이었는지는 확실치 않습니다. 나병을 앓고 있으면서도 그가 집에 있었다는 점, 왕 앞까지도 나아갈 수 있었다는 점 등을 미루어 볼 때 전염이 되지 않는 나병일 가능성이 꽤 높아 보입니다. 아마도 온몸에 퍼져 있는 피부병이었겠지요. 전염은 되지 않지만 그를 극히 고통스럽게 하는 질병이었을 가능성이 높습니다. 27절을 보면 게하시가 나아만에게 대가를 요구하다가 나병을 도리어 얻게 되는데, 그 역시 마른버짐 같은 피부병을 얻게 된 것으로 보입니다. 아토피 피부염을 앓는 분들이 꽤 될 텐데 그보다 더 심한 피부병이 아니었을까요? 전염성 있는 피부병은 아니었을지 모르지만 당시 피부병은 큰 두려움은 물론이고 사회적인 활동을 하는 데 어려움을 주었습니다.

정리해 보면 장소는 이스라엘이 아닌 시리아입니다. 하나님께서 계시지 않을 것 같은 그곳에서 오래전부터 나아만과 함께하시며 시리아의 군대가 승리하도록 하셨습니다. 게다가 나아만 그는 하나님을 알지 못하는 장군이었습니다. 그러나 하나님은 그를 위해 일을 시작하고 계셨고, 많은 성취를 얻도록 이끄셨습니다. 동시에 나병인 피부병까지도 허락하셨죠.

우리를 하나님께로 이끄는
나병은 무엇인가요?

나아만에게 나병은 하나님을 만나게 해 준 매우 중요한 도구였습니다. 그렇다면 우리에게 나병은 무엇일지 생각하게 됩니다. 이것만 없으면 모든 것이 완벽한 인생인데 우리 스스로를 망가트리고 고통스럽게 하는 것, 무거운 짐처럼 짊어지고 가는 것이 우리의 나병이 아닐까 생각해 봅니다. 말씀에 나오지는 않지만 나아만이 사마리아에 있는 예언자의 소식을 듣고 선뜻 길을 나서는 모습에서 시리아에서는 더 이상 희망을 가질 수 없었다고 판단했던 모양입니다. 그에게 나병이란 병은 희망을 앗아간 병이었을 가능성이 높습니다. 자신을 끊임없이 괴롭히며 날마다 더욱더 심한 고통과 열등감, 힘든 고욕으로 몰아넣는 병이었을 것입니다.

많은 사람들이 그럴 듯하게 사는 듯 보입니다. 좋은 가구가 있는, 넓은 아파트에서 행복하게 사는 것처럼 보입니다. 언뜻 보면 모두가 그래 보이지요. 그러나 내면 깊이 들여다보면 나아만이 앓던 나병처럼 더럽고 해결될 수 없는 문제들이 하나둘씩 자리한 걸 봅니다. 누구에게도 말하기 어려운 허물, 지금까지 이룬 모든 성취들을 모조리 의미 없게 만드는 것 같은 문제들, 아니 도저히 감당해 낼 수 없어 꺼내기조차 원치 않는 과제들이 알게 모르게 우리 가운데 있습니다.

'나의 신앙을 만든다', '나만의 신앙을 만든다'라는 것은 이러한 문제와 씨름하는 데서부터 시작됩니다. 나아만이 나병을 하나의 도구로 사용해서 하나님을 알며 나아가게 되었듯이, 나에게 주어진 나병과 같은 문제를 가지고 하나님과 씨름하는 과정에서 우리는 스스로의 신앙을 만들어 갑니다. 나라는 존재의 의미가 살아나고, 자신만의 인생을 만들어 간다는 말씀입니다. 그런 면에서 나아만의 나병이 우리에게는 또 다른 이름의 질병일 수 있습니다. 혈액암, 간암, 대장암일 수 있고요. 병명을 알 수 없는, 치료법도 알기 어려운 불치병일 수도 있습니다. 한걸음 나아가 나병은 나를 고통스럽게 하는 자녀일 수 있고, 배우자일 수도 있습니다. 고통스러운 현실일 수도 있겠죠.

만일 우리가 살아 계신 하나님을 알기 원한다면 우리에게 주어진 과제를 들고 하나님을 찾아야 합니다. 그분과 씨름해야만 합니다. 많은 사람들이 하나님을 알고자 고상한 사색을 합니다. '하나님은 누구일까?' 세상의 이치를 따져 가며 신앙적인 점검을 해 보고, 철학적인 관점에서 우주의 이치를 따지며 하나님을 규명하고 만나려고 합니다. 그리고 그 안에서 신앙이 커 가기를 원하죠. 물론 이러한 방법을 통해서 하나님께 접근할 수도 있습니다. 그러나 대부분의 경우 신앙은 우리 안에 놓인 참으로 풀기 어려운 문제와 씨름하면서, 하나님을 붙잡고 씨름하는 데서부터 커 갑니다. 그러므로 하나님의 살아 계심을 알기 원하고 우리의 신앙이 보다 성장하기를 원한다면, 나에게 주어진 나병을 가지고 하나님께로 나아가야 합니다. 나의 아픔, 나의 문제를 들고 주님 앞에 나아가야 합니다. 그럴 때에 나의 신앙이 시작되고 하나님과의 관계가 시작될 수 있습니다.

이따금 현대 교인들 중에 참으로 고상해 보이는, 그러나 안타까운 신자를 만날 때가 있습니다. 고상하게 차려입고 교회에 나와서 하나님께 감사의 예물을 드리고 정숙하게 예배합니다. 마치 아무런 문제가 없는 듯 하나님께 매달리지 않습니다. "내가 가진 나병은 알아서 잘 처리할게요. 주님은 제가 드리는 감사를 그저 받기만 하세요. 내면에 문제가 있기는 하지만 다른 사람들처럼 울고 불며 귀찮게 하지 않을게요. 나는 고상하게 당신을 믿고 싶어요. 아무것도 바라는 것 없어요. 나는 참 좋은 교인이지요."

그러나 잘못된 신자의 모습입니다. 만약 병원에 가서 그러한 태도를 취한다면 어떻겠습니까? 의사 선생님이 "어떻게 오셨나요? 어디가 아파서 오셨습니까? 무엇이 불편합니까?"라고 물었는데 "아니요, 불편한 거 하나도 없어요. 참을 만해요. 선생님을 보는 것만으로도 충분합니다. 저까지 걱정하실 필요 없습니다. 제가 알아서 잘 관리할게요"라고 말한다면 병원에 갈 이유가 있겠습니까?

하나님 앞에 우리의 나병을 가지고 와야 합니다. 문제를 들고 씨름하기 시작해야 합니다. 문제를 해결하는 과정에 주님께서 나타나시고 만나 주시고, 일으켜 주십니다. 그 문제 안에 하나님의 섭리가 담겨 있고 하나님의 뜻이 담겨 있습니다. 문제가 있습니까? 나병과 같이 해결할 수 없는 큰 과제가 있습니까? 하나님께서는 그 자리를 통해 당신과 소통하기를 원하십니다. 매우 중요한 길목입니다. 우리는 이 문제로부터 하나님을 만나야 합니다. 물론 신학자의 이론도 중요합니다. 하나님이 누구이신지 조직적으로, 객관적으로 규명하는 일도 중요하지요. 그러나 내가 하나님을 만나지 못한다면 아무런 의미가 없습니다. 내가 만난 하나님이 중요합니다. 내가 가진 문제를 풀어 나가면서 하나님께서 어떤 일을 하셨는지, 나에게 하나님은 어떤 분이신지를 말할 수 있어야 나의 하나님이 되는 것입니다.

만약에 나의 문제를 해결받지 못하고, 문제 가운데 역사하시는 하나님의 은총을 경험하지 못한 채 '누구는 병이 나았다더라, 누가 하나님의 은총을 입었다더라'는 소문만 듣는다면 그것은 나의 신앙이 아닙니다. 그저 일상적인 신앙에 머물러 있을 뿐입니다. 당신에게 나병은 무엇입니까? 깊숙이 숨겨 있는 상처 덩어리는 무엇입니까? 그 문제는 하나님께서 당신과 만나시고자 마련해 놓으신 참으로 귀한 선물입니다. 보기에는 더럽고 추하고 남들이 보면 도망갈 것 같은 큰 아픔지만, 아픔을 주시면서까지 나를 만나기 원하시는 하나님의 마음을 꼭 기억하시길 바랍니다.

나아만이 엘리사를 찾아왔을 때, 엘리사는 사환을 시켜서 나아만으로 하여금 요단강에 일곱 번 몸을 씻게 합니다. 그러면 장군의 몸이 깨끗하게 된다고 말하죠. 그런데 이 말을 들은 나아만이 진노합니다. 그래서 성경은 그가 발길을 돌렸다고 증언합니다. 그에게는 이러한 기대가 있었기 때문입니다. "적어도, 엘리사가 직접 나와서 정중히 나를 맞이하고, 주 그의 하나님의 이름을 부르며 상처 위에 직접 안수하여, 나병을 고쳐 주어야 도리가 아닌가? 다마스쿠스에 있는 아마나 강이나 바르발 강이, 이스라엘에 있는 강물보다 좋지 않다는 말이냐? 강에서 씻으려면, 거기에서 씻으면 될 것 아닌가?"(왕하 5:11-12 중, 새번역성경).

나아만 자신이 생각하는 나름의 치료 과정이 있었습니다. 엘리사가 나와서 영접하고 아픈 부위에 손을 얹은 후에 나름대로의 특별한 행위를 통해 낫게 해 주리라는 기대였습니다. 그러나 기대와는 전혀 달랐습니다. 단지 물에 씻으라고 말합니다. 그러자 나아만은 더러운 요단강보다 깨끗한 아마나 강이나 바르발 강이 있다고 판단합니다. 그렇게 발길을 돌리려 할 때에 종을 통해 한 소리가 들립니다. "장군님, 그 예언자가 이보다 더한 일을 하라고 하였다면, 하지 않으셨겠습니까? 다만 몸이나 씻으시라는데, 그러면 깨끗해진다는데, 그것쯤 못할 까닭이 어디에 있습니까?"(왕하 5:13 중, 새번역성경).

하나님은 순종하는 자에게
기적을 베풀어 주십니다

나아만 이야기 속에서 우리는 익명의 두 사람을 발견합니다. 조금 전 등장한 한 부하가 있고, 이스라엘에 잡혀 와서 나아만 장군의 수하에 들어가 종으로 살고 있던 이스라엘 소녀가 있습니다(왕하 5:2). 두 사람은 하나님을 소개하는 결정적인 역할을 하고 나아만이 하나님께로 나아가는 데 큰 역할을 한 사람들입니다. 이스라엘에서 잡혀 온 어린 소녀는 나아만 장군이 아파하는 모습을 보며, 이스라엘에 한 선지자가 있는데 그분에게 나아가면 나을 수 있다고 전해 주죠. 한 부하는 엘리사에게 갔다가 돌아서려는 나아만을 설득하여 발길을 되돌리기도 했습니다. 이처럼 신앙을 만들어 가는 과정에는 돕는 소리들이 있습니다. 그래서 성도가 필요합니다. 믿음의 동역자들이 필요한 것입니다.

함께 걸어가는 길에서 자칫하면 믿음이 약해질 때가 있고 좌절될 때가 있습니다. '포기하자'는 생각을 할 때가 있고, 생각대로 되지 않아서 돌아서고 싶을 때가 있습니다. 그때마다 들리는 소리, 함께하는 또 다른 신앙의 목소리, 그 소리 때문에 우리는 주님 앞으로 다시 나아가게 됩니다. 종의 부탁을 들은 나아만이 요단강에 일곱 번 몸을 담가야 하는 일 앞에 서 있습니다. 자신의 부하로부터 들려온 작은 소리에 귀를 기울였고, 엘리사의 말을 따라 요단강에 일곱 번 들어가는 순종을 보입니다.

종종 이단들이 나아만 이야기를 인용합니다. 이 이야기를 통해서 교주의 명령에 무조건적 복종을 하라고 가르치죠. 엘리사의 터무니없어 보이는 말씀에 순종하는 나아만을 강조하면서 교주들의 말에 무조건 순종하라는 것입니다. 그런데 이 말씀의 진정한 뜻은 무엇일까요? 우리는 엘리사의 말에 복종하는 나아만의 이야기를 어떻게 이해하고 적용할 수 있겠습니까? 교주나 목회자의 말에 무조건 순종하라는 말씀으로 이해해야 할까요? 하나님은 과거 엘리사를 통해 말씀하셨고 다른 선지자를 통해 말씀하기도 하셨지만, 그분의 말씀과 약속은 성경 안에 이미 가득 들어 있습니다.

"하나님의 약속은 얼마든지 그리스도 안에서 예가 되니 그런즉 그로 말미암아 우리가 아멘 하여 하나님께 영광을 돌리게 되느니라"(고후 1:20). 하나님의 약속은 그리스도 안에서 얼마든지 "예스"가 된다는 말씀입니다. 얼마든지 승인된다는 뜻입니다. 하나님께서 성경 안에 두신 약속들은 모두 그리스도 예수 안에서 '예'가 됩니다. 그 말씀을 '아멘'으로 받아들일 때에 우리는 그것을 누리게 되고, 하나님의 영광과 기적을 경험합니다.

엘리사는 나아만 장군에게 일곱 번 씻으라고 명령했습니다. 물론 그가 반드시 일곱 번 씻어야만 낫게 하실 수 있는 하나님이 아니셨습니다. 그가 물에 들어가지 않아도 새롭게 하실 수 있는 분이셨습니다. 그럼에도 하나님은 나아만으로 하여금 일곱 번이나 몸을 씻도록 명령하셨습니다. 이런 상상을 해 봅니다. 나아만이 일곱 번 몸을 씻는 동안 사실은 여섯 번의 실패가 존재합니다. 한 번 들어가 봅니다. 별 반응이 없습니다. 달라진 게 보이지 않습니다. '그러면 그렇지…' 하고 두 번 들어가 봅니다. 여전히 달라진 점이 없습니다. 세 번째 들어가 봅니다. '이거 혹시 헛고생하는 것 아닌가? 여기가 맞는 곳인가?' 생각하며 또 다시 들어갑니다. '이보다 좋은 강도 많은데 왜 하필 더러운 요단강에서 씻어야만 하는가?' 그렇게 다섯 번째 들어갑니다. 변화는 여전히 나타나지 않습니다. 이어서 여섯 번째 들어가지만 어떤 기미도 나타나지 않아 실망할 즈음, 마지막 일곱 번째에 들어갔다 나오니 변화된 자신의 몸을 봅니다. 기적을 경험한 것입니다.

"나아만이 이에 내려가서 하나님의 사람의 말대로 요단 강에 일곱 번 몸을 잠그니 그의 살이 어린 아이의 살 같이 회복되어 깨끗하게 되었더라"(왕하 5:14). 저는 이 일곱 번의 과정이 나아만 자신의 신앙을 만들어 간 과정이라고 생각합니다. 그만큼 나만의 신앙을 가지는 일은 어렵고 힘듭니다. 여섯 번의 실패를 통해서 하나님을 신앙하고, 믿고, 결단하는 과정이 필요합니다. 신광야에서 이스라엘 백성이 독사에게 물려 죽게 되었을 때, 모세가 놋뱀을 만들어서 들고는 이것을 보는 사람은 살 것이라고 말하죠. 쳐다만 보아도 산다고 했지만 정작 그곳에서 살아남지 못한 사람들이 있었다니 이상하지 않습니까? 그만큼 이성을 앞세우며 사람들은 순종하지 않았

습니다. 놋뱀을 바라보고 일어나 걸어간 사람들이 옆에 있었음에
도 자신의 방법만이 옳다고 고집하는 사람들은 절대로 놋뱀을 보
지 않았을 것입니다. 그저 믿을 수 없다는 이유만으로 놋뱀을 쳐다
보지 않은 것, 이것이 인간의 미련함입니다.

우리 자신이 철저하게 낮아지는 곳, 자존심과 자만심이 포기되
는 곳, 더 이상 갈 곳이 없어 울부짖을 수밖에 없는 그곳에서 우리
는 하나님을 만날 수 있습니다. 그리고 그곳에서 하나님의 은총을
경험합니다. 순종이 있는 그곳에, 순종이 아니고는 더 이상 방도가
없는 그곳에서 하나님의 역사는 시작됩니다. 예수님께 희망을 두
고 말씀에 순종하는 사람들은 오늘도 기적을 경험할 것입니다.

기도

하나님, 주님의 말씀이 영원한 여운으로 우리의 가슴에 남아 살아 있는
신앙을 위한 기초가 되게 하옵소서. 성령께서 역사하셔서 이 말씀을 근
거로 우리의 삶이 놀라운 은총을 경험하도록 역사하여 주시옵소서. 거룩
하신 주님의 이름을 선포하며 나음을 입게 하옵소서. 아멘.

절망의 바다에서 필요한 한 가지

—

출애굽기 14:21-31

관점을 바꾸면
세상이 달라 보입니다

목회를 위해 제주도로 부임한 한 제자의 이야기입니다. 부임하자마자 저에게 전화를 걸었습니다. "교수님, 얼마나 좋은지 모르겠습니다. 가는 곳마다 멋진 자연이 펼쳐져 있어요. 광활하게 펼쳐진 바다를 보면 가슴이 확 트입니다. 교수님도 한번 방문하세요." 그러고 나서는 오랫동안 연락이 되지 않다가 몇 년 후쯤 목사님에게 연락이 다시 왔습니다. "교수님, 육지로 가고 싶어요. 가는 곳마다 아무 것도 없고 조금만 가도 바다, 이쪽으로 가도 바다, 바다가 모든 것을 다 가로막고 있어서 답답하네요. 살수록 점점 더 작게 느껴지고 더 이상 갈 곳이 없어요."

바다도 바뀌지 않았고, 자연도 바뀌지 않는데 그의 평가는 완전히 달랐습니다. 그때 저는 알았습니다. 자연이 멋지게 보일 수도 있고 아무것도 아닌 것으로 보일 수도 있다는 사실과, 바다를 보며 가슴이 탁 트일 수도 있고 답답함을 느낄 수도 있다는 사실을 말입니다.

언젠가 제가 잠시 인용했던 글귀가 있습니다. 포르투갈의 서사 시인 까몽이스(Camões)의 명문장이죠. "아퀴 온 데아 테라 세 아카바 이오마르 코메사"(Aqui Onde a terra se Acaba e o Mar Começa). "여기 뭍이 끝나고 바다가 시작된다"(Where the land ends and the sea begins)는 글귀입니다. 포르투갈의 까보다로까라고 하는, 유럽에서는 가장 서쪽에 위치한 땅에 큰 비석이 세워져 있는데 그곳에 적힌 글귀라고 합니다. 이 글귀를 보는 사람들의 마음이 어떠했을까요? 두 가지로 나뉘지 않았을까 생각해 봅니다. "아, 이곳에서 뭍이 끝나고 드디어 바다가 시작된다!" 어떤 사람은 이렇게 읽을 수도 있겠죠. "아, 이제 끝이구나. 이제 뭍이 끝나는구나, 땅이 끝나는구나."

출애굽기 말씀에서 이스라엘은 동일하게 바다를 앞에 두고 있습니다. 우리가 잘 아는 대로 이 말씀은 이스라엘 백성들이 이집트를 탈출해 홍해 앞에 서 있는 장면입니다. 매우 절박한 상황이죠. 뒤로는 막강한 애굽의 군대들이 달려오고 있습니다. 군마와 창검으로 무장한 군인들이 따라오고 있습니다. 열심히 도망치듯 가다가 마주치게 된 것이 홍해라는 바다였습니다. 그들은 바다를 어떻게 보았을까요? 어쩌면 그들은 그곳에서 이 팻말을 보았을지도 모르겠습니다. "여기 뭍이 끝나고 바다가 시작된다"는 이 문장을 이스라엘 백성은 어떻게 읽었을까요? "아, 끝이구나. 뭍이 끝나는구나. 더 이상 갈 곳이 없구나"라고 읽었던 것 같습니다.

그래서 성경은 당시의 상황을 이렇게 전합니다. "이집트에는 묘자리가 없어서, 우리를 이 광야에다 끌어내어 죽이려는 것입니까? 우리를 이집트에서 끌어내어, 여기서 이런 일을 당하게 하다니, 왜 우리를 이렇게 만드십니까? 이집트에 있을 때에, 우리가 이미 당신에게 말하지 않았습니까? 광야에 나가서 죽는 것보다 이집트 사람을 섬기는 것이 더 나으니, 우리가 이집트 사람을 섬기게 그대로 내버려 두라고 하지 않았습니까?"(출 14:11-12 중, 새번역성경).

한번 상상해 보십시오. 수십만 명의 사람들이 홍해를 앞에 두고 멈추어 서 있습니다. 뒤에는 이집트의 군사들이 달려오고 있습니다. 모두 다 바다에 빠져 죽을 수 있는 상황입니다. 그야말로 진퇴양난입니다. 이스라엘 백성은 절망합니다. '이제 끝이다, 더 이상은 희망이 없구나.' 충분히 그럴 만합니다. 그들 앞에는 지금 넘실거리는 홍해 바다가 가로막고 있었기 때문입니다. 혹시 수영을 잘하는 사람이 있었다면 그곳을 건널 수 있었을까요? 만일 그렇다고 해도 그곳에 남겨진 다른 가족들은 어떻게 할 것입니까? 수영을 못하는 수십만에 이르는 다른 이들은 어떻게 하겠습니까?

바다를 건널 수 있는 방법 중 가장 좋은 방법은 배를 타고 가는 것입니다. 그러나 홍해 앞에는 배 한 척도 없습니다. 혹시나 배가 몇 척이 있다고 하더라도 수많은 사람들을 배로 나를 수는 없었을 것입니다. 시간이 지연되어 배를 만들어 타고 갈 수는 있었을지도 모르겠습니다. 그러나 애굽의 군대는 이미 코앞에 다가오고 있습니다. 말씀은 이렇게 설명합니다. "바로가 다가오고 있었다. 이스라엘 자손이 고개를 들고 보니, 이집트 사람들이 그들을 추격하여 오고 있었다"(출 14:10 중, 새번역성경).

애굽의 군대가 이미 가시적 거리에 들어와 있으니 이스라엘 백성이 느끼는 절박감이 얼마나 심했겠습니까? 이제 몇 시간도 채 남지 않았습니다. 아니 몇 분밖에 남지 않았을지도 모릅니다. 시야에 들어와 있는 애굽의 군대가 다가올 시간만큼 딱 그 정도로 남아 있었을 뿐입니다. 그렇다고 이스라엘에게 무기가 있었던 것도 아니었습니다. 그러니 꼼짝없이 잡혀서 죽거나 아니면 다시 애굽으로 돌아가거나 몰살당할 위기였습니다. 다시 바다를 바라봅니다. 그들에게 바다는 어떤 곳이었을까요? "여기, 뭍이 끝나고 바다가 시작된다"는 이 문장을 그들은 절망스럽게 읽었을 것입니다.

이스라엘을 벼랑 끝으로 인도하신
하나님이 희망이었습니다

어쩌다가 그들은 오도 가도 못하는 자리에까지 오게 되었을까요? 바다가 가로막지만 않았더라면 혹시나 뒤에 있는 사람들은 죽거나 잡혀 가더라도 앞에 있던 사람들은 뿔뿔이 흩어져서 동굴에 숨거나 산속에 피할 수도 있지 않았을까요? 다는 못 살아도, 어느 정도는 살아남아 출애굽의 여정을 다시 시작할 수 있지 않았을까요? 그런데 그만한 상황도 되지 못합니다. 홍해 바다 앞에서 그들 모두 갇혀 있는 형국이 되고 말았습니다. 성경은 이스라엘 백성들이 홍해 앞으로 오게 된 것이 하나님의 인도하심이었다고 알려 주고 있습니다.

13장 마지막 부분은 하나님께서 이스라엘 백성을 인도하시기 위해 구름 기둥과 불기둥을 보내 주셨음을 설명합니다. 하나님께서 불기둥과 구름 기둥으로 이스라엘을 이끌어 주셔서 그 길을 따라 갔더니 홍해 앞에 다다랐다는 말씀입니다. 하나님께서 인도해 주셨는데 그곳이 막다른 골목이었던 셈입니다. 그들 앞에 놓인 것은 길이 아니라 거대한 바다, 그들을 가로막는 장애물이었습니다.

신앙생활을 하면서 우리는 종종 막다른 골목으로 인도하시는 하나님을 경험할 때가 있습니다. 하나님 잘 섬겼는데, 교회 일 잘 했는데, 주님의 인도하심을 따라 열심히 살았는데, 그 길을 따라가다 보니 어느덧 여기로도 갈 수 없고, 저기로도 갈 수 없는 자리에 맞닥뜨리는 경험을 할 때가 있습니다. 완전히 막힌 것 같은 자리, 바다를 앞에 두고 서 있는 듯한 자리를 경험할 때가 종종 있습니다. 인간적인 계산으로는 도저히 답이 나오지 않는, 해결 방법이 생각나지 않는 곳에 놓인 우리를 발견할 때가 있습니다. 마치 이스라엘 백성들이 홍해 앞에 있었던 것처럼, 수영 잘하는 사람도 없고 배도 없고 배를 만들 재료도 없고 심지어는 배를 만들 시간도 없는, 그래서 모든 것이 절망적인 상황 속에서 적들은 빠르게 다가오는 절박한 경험을 할 때가 있습니다.

그런데 한 가지 소망이 있다면 이 일이 하나님으로부터 말미암았다는 사실입니다. 하나님께서 불기둥, 구름 기둥을 보내 주셔서 그들을 그 자리까지 인도해 주셨다는 사실이 위안입니다. 하나님의 의도가 있는 자리입니다. 하나님의 계획하심이 있는 자리입니다. 하나님께서 함께하시는 자리입니다. 비록 막힌 자리지만 하나님의 뜻이 담긴 자리였던 것입니다.

출애굽기 14장을 보면 하나님께서 모세에게 매우 정교하게 작전 지시를 하는 내용이 나옵니다. "여호와께서 모세에게 말씀하여 이르시되 이스라엘 자손에게 명령하여 돌이켜 바다와 믹돌 사이의 비하히롯 앞 곧 바알스본 맞은편 바닷가에 장막을 치게 하라 바로가 이스라엘 자손에 대하여 말하기를 그들이 그 땅에서 멀리 떠나 광야에 갇힌 바 되었다 하리라 내가 바로의 마음을 완악하게 한즉 바로가 그들의 뒤를 따르리니 내가 그와 그의 온 군대로 말미암아 영광을 얻어 애굽 사람들이 나를 여호와인 줄 알게 하리라 하시매 무리가 그대로 행하니라"(출 14:1-4).

주님의 계획이었습니다. 하나님께서는 이스라엘 백성들을 오던 길로 다시 되돌아가게 하시면서 한 장소를 지정해 주셨는데, 그 장소가 바로 홍해 앞이었습니다. 다시 말해서 이스라엘 백성을 홍해 앞으로 이끄신 것은 하나님의 전술과 전략이었다는 것입니다. 하나님은 이스라엘 백성들을 바다에 두심으로써 위기 가운데 이스라엘 백성이 흩어지지 않도록 계획을 세우셨습니다. 한걸음 나아가서 한 사람도 빠짐없이 하나님이 어떻게 애굽 군대를 멸절시키고 승리를 거두시는지 볼 수 있도록 계획하셨습니다. 이것이 하나님의 전략입니다.

이제 하나님은 어떻게 행하십니까? 이스라엘 백성이 생각합니다. '과연 하나님께서 우리를 구할 수 있으실까? 앞에는 바다가 가로막고 있고 뒤에는 애굽 군대들이 속도를 내어서 쫓아오고 있는데, 과연 이 절박한 상황에서 하나님은 우리를 구원해 내실 수 있으실까?' 지도자 모세조차도 당황하고 있었던 것 같습니다. 그래서 하나님은 이렇게 말씀하십니다. "여호와께서 모세에게 이르시되 너는 어찌하여 내게 부르짖느냐 이스라엘 자손에게 명령하여 앞으로 나아가게 하고 지팡이를 들고 손을 바다 위로 내밀어 그것이 갈라지게 하라 이스라엘 자손이 바다 가운데서 마른 땅으로 행하리라"(출 14:15-16).

머뭇거리며 하나님을 향해 부르짖기만 하는 모세를 향해 하나님이 명령하십니다. 부르짖음을 그치고 지팡이를 들고 손을 바다 위로 내밀어 앞으로 전진하며 바다가 갈라지게 하라는 명령이었습니다. 그렇다면 모세가 지팡이를 들고 손을 내밀었을 때 어떤 일이 일어났습니까? 성경의 이야기를 읽다 보면 급박하게 돌아가는 상황이 어느 정도 그려집니다. 모세가 손을 들자 바다가 갈라질 것이라고 하나님께서는 말씀하셨지만 실제로는 그렇지 않았습니다. 손을 드는 즉시 바다는 갈라지지 않았습니다. 오히려 동풍이 불어오기 시작했습니다. 동풍이 불어와서 바닷물을 조금씩 밀어내기 시작했습니다. 바람에 물이 밀려나는 현상이 일어난 것입니다. 성경은 이 일이 밤새도록 진행되었다고 증언합니다.

"모세가 바다 위로 손을 내밀매 여호와께서 큰 동풍이 밤새도록 바닷물을 물러가게 하시니"(출 14:21 중). 단번에 물이 갈라졌다면 얼마나 좋았겠습니까? 길이 순간적으로 열렸다면 사람들이 얼마나 환호했겠습니까? 그러나 하나님께서는 그렇게 하지 않으셨습니다. 바닷물이 조금씩 물러나는 모습을 밤새도록 보게 하셨습니다. 어쩌면 놀라운 일이 일어나고 있음에도 이스라엘 백성에게 그 하룻밤은 길고도 힘든 밤이었을 것입니다. 그럼에도 하나님은 그들로 하여금 기다리게 하셨고, 하나님이 일하시는 모습을 보도록 이끄셨습니다.

밀물이 들어올 때 그것이 감지됩니까? 썰물이 나갈 때 감지가 되나요? 서서히 차이는 나지만 확연하게 드러나지 않는 게 밀물과 썰물 아니겠습니까? 하나님께서 동풍을 불게 하시고 물들을 밀어내셨다면 이스라엘 백성은 조금씩, 조금씩, 한참을 보아야 변화되는 모습을 볼 수 있었을 것입니다. 그러면서 한편으로는 저 멀리서 달려오는 애굽 군대를 보면서 절망할 수밖에 없었을 것입니다. '하나님께서 우리를 위해 일하시는가 보다. 그런데 길이 완전히 만들어지려면 시간이 많이 걸릴 것 같은데, 저기 다가오는 애굽 군대는 빠르게 접근하고 있으니 우리에겐 희망이 없다.' 여전히 절망하고 있었을 이스라엘입니다.

그러나 하나님은 어떻게 하셨습니까? 애굽의 군대가 들어오는 길목에 불기둥과 구름 기둥을 옮기시고 그들이 더 이상 다가오지 못하도록 방어해 주셨습니다. "이스라엘 진 앞에 가던 하나님의 사자가 그들의 뒤로 옮겨 가매 구름 기둥도 앞에서 그 뒤로 옮겨 애굽 진과 이스라엘 진 사이에 이르러 서니 저쪽에는 구름과 흑암이 있고 이쪽에는 밤이 밝으므로 밤새도록 저쪽이 이쪽에 가까이 못하였더라"(출 14:19-20).

바다를 천천히 열어 가신 하나님은 이스라엘로 하여금 예비하신 길을 보게 하셨고, 쫓아오는 적들을 친히 막아 주셨습니다. 이제 바닷길이 열리는 순간, 그들의 마음이 어떠했겠습니까? 탄성과 환호와 기쁨과 놀람 그 자체였습니다.

마른 땅 같은 상황에서도 하나님을 바라는 것이 신앙입니다

마침내 하나님은 이스라엘 백성들에게 길을 열어 주셨습니다. 그런데 성경은 그 길이 마른 땅이었다고 증언합니다. 수백만 년 이상 바다에 잠겨 있었을 그 땅이 어떻게 진흙탕이 아니고 마른 땅이라 할 수 있습니까? 그러나 하나님은 그들이 마른 땅으로 건너가게 하시겠다고 약속하셨고, 실제로 이스라엘 백성은 마른 땅으로 건너갔음을 성경은 전합니다. "지팡이를 들고 손을 바다 위로 내밀어 그것이 갈라지게 하라 이스라엘 자손이 바다 가운데서 마른 땅으로 행하리라"(출 14:16). 주님께서 약속하셨고 과연 그렇게 되었습니다. "여호와께서 큰 동풍이 밤새도록 바닷물을 물러가게 하시니 물이 갈라져 바다가 마른 땅이 된지라"(출 14:21).

어떻게 마른 땅이 될 수 있었을까요? 단순한 과장법일까요? 사실 이 마른 땅은 매우 중요한 의미를 가집니다. 이 말씀을 읽을 때마다 저는 마른 땅이라는 단어를 보면서 '이것은 아닌데'라는 생각으로 읽곤 했습니다. 어느 날 시간을 두고 성경을 총체적으로 읽어가던 중에 이 말의 뜻이 얼마나 귀한지를, 얼마나 확실한 사실인지를 깨닫는 사건이 있었습니다.

저는 어떻게 믿게 되었을까요? 창세기에 기록된 천지창조 이야기를 깊이 묵상하면서 하나님이 하시는 일을 알게 되었기 때문입니다. 창세기에는 하나님께서 빛을 만드신 다음에 궁창을 두시면서 물과 물을 나누는 이야기가 등장합니다. 그리고 이어지는 천지창조의 모든 이야기는 물의 경계, 하나같이 물을 나누시고 위치를 정하시는 이야기로 이루어져 있습니다. 하나님은 궁창 위의 물과 아래의 물을 나누시고, 땅의 물과 땅 아래의 물로 나누시고, 바다와

강을 나누심으로 인간이 살 만한 세상을 만들어 가셨습니다. 다시 말하면 에덴동산은 하나님께서 물의 경계를 세우심으로 만들어진 공간이라는 사실입니다.

노아의 홍수는 어떻습니까? 노아의 홍수는 하나님께서 붙잡고 계셨던 물의 모든 경계를 한꺼번에 놓으심으로써 나타난 심판이었습니다. 노아의 심판은 하늘에서 비가 내림으로써 일어난 일이 결코 아니었습니다. 하늘에서 비가 내리기도 했지만 땅에 있던 물들이 솟아올라와 물의 모든 경계가 사라지는 하나님의 심판이었습니다. 하나님은 물을 나누실 수 있는 분이며, 물의 위치를 정하시는 분이십니다.

그런 하나님이 홍해 앞에 함께 계셨다면 어떻게 되었겠습니까? 물들을 향해 "한 곳으로 모여라. 물들은 모두 한 쪽으로 모여라"라고 명령하셨다면 땅속에 있던 수분들은 어떻게 되었을까요? 하나님의 명령 앞에서 물을 머금던 땅은 모두 물을 내어놓아야 했을 것이고, 그래서 벽처럼 물이 둘러선 마른 땅을 이스라엘 백성은 건너갔다고 성경은 증언합니다. "마른 땅으로 그들이 건넜다." 이 장면을 볼 때마다 정말 전율이 오르곤 합니다. 하나님의 위대하심, 물을 나누시는 하나님의 명령 앞에서 진흙은 결코 존재할 수 없었습니다.

이 사건이 바로 이스라엘 백성들이 이집트를 탈출하고 나서 첫 번째로 경험한 하나님의 기적이었습니다. 하나님께서는 왜 그들을 홍해로 몰고 가서서 이런 기적을 일으키셨을까요? 얼마든지 다른 길로 인도하실 수 있었을 텐데 왜 홍해까지 끌고 가서서 엄청난 기적을 베풀어 주셨을까요? 하나님께서 원하신 것은 이것이었습니다. 바다를 앞에 두고서도 하나님을 보며, 하나님과 함께 마른 길을 볼 수 있는 믿음, 바다를 앞에 두고서도 "이제 끝이다!" 말하지 아니하고, 하나님이 함께 계시니 바다가 열리고 마른 길이 열릴 것이라고 말할 수 있는 믿음, 그것을 주님께서는 원하셨습니다.

신앙이란 무엇입니까? 신앙이란 절망할 수밖에 없는 상황 속에서도 하나님을 바라보며 절망하지 않는 태도입니다. 모든 것이 끝난 것 같은 상황 속에서도 전능하신 하나님을 바라보며 기뻐하고 희망을 누리는 것입니다. 이것이 진정한 신앙이요, 믿음입니다. 예수님께서 보여 주신 모습이 그러했습니다. 예수님은 한결같이 연약한 사람들을 만나셨습니다. 창녀들과 세리들과 병자들과 귀신들린 사람들을 만나셨습니다. 사람들은 그들을 볼 때 절망했고 희망을 발견하지 않았습니다. 그러나 예수님은 그들 속에서 희망을 발견하셨고, 고치시며 온전케 하셨습니다.

신앙이란 모든 상황 속에서도 하나님만을 바라보는 태도입니다. 절망하지 않는 태도입니다. 인간에게 가장 큰 절망이 있다면 무엇이겠습니까? 죽음입니다. 누구나 다 죽습니다. 그래서 누구나 죽음을 두려워합니다. 우리는 죽음 앞에서 절망할 수밖에 없습니다. 그러나 주님은 우리가 죽음 때문에 절망하는 일을 허용하실 수 없으셨습니다. 인간에게 절망이 주어지기를 원치 않으셨습니다. 그래서 죽음이라고 하는 바다를 넘기 위해, 바다에 길을 내시기 위해, 죽음이 우리를 절망시키지 못하게 하시기 위해 십자가에 친히 달리셔서 죽음을 정복하시고 부활하셨습니다.

기독교는 부활의 종교입니다. 절망의 종교가 아닙니다. 죽음의 종교가 아닙니다. 그 어떤 것도 우리를 절망으로 이끌어 갈 수 없습니다. 이것이 그리스도 안에 사는 신자들이 고백해야 할 신앙입니다. 그러므로 홍해 앞에서도 절망하지 마십시다. 하나님께서 길을 열어 주실 것을 믿으십시다. 어떠한 장애 앞에서도, 어떠한 바다 앞에서도 결코 절망하지 마십시오. 포기하지 마십시오. 하나님을 보십시오. 주님은 우리가 넘실거리는 바다 앞에서도 하나님만을 끝까지 바라보며 희망을 갖기를 원하십니다. 하나님은 우리를 위해 마른 땅, 마른 길을 바다 속에 이미 예비하고 계십니다.

기도

하나님, 절망의 바다를 앞에 두고서도 주님이 예비하신 마른 땅을 볼 수 있길 원합니다. 우리의 믿음을 붙들어 주시고, 죽음의 권세를 이기심으로 우리를 절망에서 희망으로 옮기신 우리 구주를 보게 하옵소서. 그 은혜에 감사하며 자유하는 하늘나라 백성 되게 하옵소서. 아멘.

4부

우리의 최선은

은혜 아래
빛난다.

한걸음 한걸음 내딛는 믿음

—

창세기 12:1-4

우리는 모두
모르는 길을 가고 있습니다

코로나19를 어느 정도 극복해 간다고 생각하던 대다수 국민들에게 4차 대유행은 당황스런 소식이었습니다. 언제쯤이면 코로나19 감염병 종식에 도달할 수 있을까요? 백신이 개발되고 나서 손쉽게 극복될 줄 알았는데, 델타나 람다 등 변이 바이러스의 등장은 우리를 다시 혼란으로 몰아넣었습니다. 상황이 회복될 것을 예상하고 새로운 일을 기획하시던 분들 역시 가만히 지켜볼 수밖에 없는 단계가 되었습니다.

우리는 코로나19의 결말을 알 수 없습니다. 어떤 과정을 거쳐서 어떻게 종식될지, 그 다음에는 또 어떤 일이 일어날지 정확히 알 수 없습니다. 그런 면에서 우리 모두는 모르는 길을 가고 있습니다. 원래도 우리는 모르는 길을 가고 있었지요. 늘 아는 길처럼 여겼을 뿐입니다. 언제, 어떤 일이 우리 앞에 일어날지 모르는 인생길을 걸어가고 있습니다. 이 사실을 코로나19가 조금 더 실감나게 가르쳐 주고 있을 뿐입니다.

다시 창궐하는 듯 보이는 감염병의 상황 속에서 우리가 어떤 생각을 하며, 어려운 시간을 어떻게 견뎌내야 할지 하나님께 여쭈어 보며 기도했습니다. 그리고 저는 '믿음으로, 한 걸음씩'이라는 주제를 떠올렸습니다. 어떤 분이 저에게 "목사님, 언제쯤 코로나19가 종식되고 정상적인 생활로 돌아갈 수 있겠습니까?" 하고 물으셨습니다. 제가 "글쎄요"라고 답하자 그분이 "목사님은 아셔야 하시지 않습니까? 기도하는 분이시니"라고 웃으시면서 말씀하셨습니다.

그렇다면 정말 얼마나 좋겠습니까? 하나님께서 앞으로 일어날 일을 저와 같은 목회자들에게라도 알려 주시면 얼마나 좋겠습니까? 그렇게 해 주시면 교회도 부흥되고, 미래에 대한 계획도 잘 세울 수 있고, 나라와 민족과 인류를 위해서 큰일을 할 수 있을 것 같은데 하나님께서는 바로 앞의 일조차 알려 주시지 않습니다. 이것이 우리 현실입니다.

하나님은 구체적인 지시를 통해
우리를 이끄시지 않습니다

창세기 12장은 우리가 너무도 잘 알고 있는 말씀입니다. 저는 "하나님은 우리를 어떤 방식으로 인도하시는가?"라는 질문을 가지고 이 말씀을 살펴보고자 합니다. 하나님께서 아브라함을 부르시는 내용으로 시작됩니다. "너는 네가 살고 있는 땅과 네가 난 곳과 너의 아버지 집을 떠나서 내가 보여 주는 땅으로 가거라"라고 말씀하시면서 "내가 너로 큰 민족이 되게 하고, 너에게 복을 주어서 네가 이름을 크게 떨치게 하겠다"라고 약속해 주십니다. "너는 복의 근원이 될 것이다. 너를 축복하는 사람에게 내가 복을 베풀고, 너를 저주하는 사람에게는 내가 저주를 내릴 것이다. 땅에 사는 모든 민족이 너로 말미암아 복을 받을 것이다"라는 엄청난 약속과 축복을 해 주신 것입니다.

그렇게 하나님께서는 아브라함에게 큰 꿈을 주셨고 비전을 주셨습니다. 그 비전을 가지고 아브라함은 하나님을 믿으며 새로운 땅을 향해 출발합니다. 그런데 그 다음에 하나님께서 그를 어떻게 인도해 주셨는지를 살펴보면 구체적으로 인도해 주시지 않았다는 사실을 알게 됩니다. 아브라함은 100세가 되기까지 약속된 아들을 얻지 못했습니다. "너로 큰 민족을 이루게 하겠다"던 하나님의 약속이 25년 동안 이루어지지 않은 상태였습니다.

기다리다 지친 아브라함이 자신의 혈육을 통해 민족을 번성시킬 수 없겠다는 판단이 들어서인지, 다메섹 사람 엘리에셀을 가리키며 그가 자신의 상속자가 될 것이라고 말합니다. 하나님의 약속이 자신의 혈육을 통해 이루어지지 않을지라도 다른 방식으로 번성하게 되리라는 믿음의 표현이었을 수도 있습니다. 그러자 하나님께서는 아브라함을 밖으로 이끌고 가시고는 하늘을 보게 하시며 별들을 보게 하셨습니다. 그리고는 말씀하셨습니다. "그를 이끌고 밖으로 나가 이르시되 하늘을 우러러 뭇별을 셀 수 있나 보라 또 그에게 이르시되 네 자손이 이와 같으리라"(창 15:5).

하나님께서는 '조금 더 기다려라, 몇 년 만 더 기다려라' 하며 구체적인 이야기는 하시지 않고 그저 하늘의 별들을 보게 하시며 큰 꿈을 꾸게 하셨습니다. 물론 별들을 바라보게 하시며 "네 자손이 이와 같게 될 것이다"라고 말씀해 주신 것은 참으로 멋진 일입니다. 그러나 하나님께서는 큰 꿈을 꾸게 하신 것과는 달리 인생의 모든 문제에 대해 디테일하게 이끌어 주시지는 않은 듯 보입니다.

이후에도 하나님은 아들 이삭을 바로 주시지 않았습니다. 그래서 아브라함은 하갈을 통해서 아들을 얻고 이스마엘이라는 이름을 붙여 줍니다. 만약에 하나님께서 아브라함에게 나타나셔서 "14년만 더 기다려라" 하고 말씀하셨다면 어땠을까요? 아니, 처음부터 아브라함을 통해 큰 민족을 이루시겠다는 약속과 함께 "그러나 아들을 낳기까지 25년은 기다려야 한다"고 한마디만 해 주셨더라면 기다리기가 얼마나 쉬웠을까요? "나의 상속자는 다메섹의 엘리에셀입니다"라고 아브라함이 말할 때에 "아니다. 네 태에서 난 자라야 한다"는 말씀뿐만 아니라 "사라에게서 태어나는 아들이어야 한다"고 구체적으로 말씀하셨다면 얼마나 좋았겠습니까? 그러면 하갈을 통해서 아들을 얻는 시행착오는 없었을 것 아닙니까? 그러나 하나님은 아브라함에게 뭇별과 같은 자손을 주시겠다고 약속하실 뿐 자세한 말씀은 하시지 않았습니다. 아브라함의 이야기를 읽어 가며 들었던 아쉬움이기도 했지만, 이것이 하나님께서 우리를 인도하시는 방법입니다.

우리가 가야 할 길을
구체적으로 지시해 주시지 않는 이유

하나님께서는 왜 이와 같은 방식으로 우리를 이끌어 가실까요? 큰 꿈과 비전을 주시고 목표 지점을 설정해 주시지만 그럼에도 삶의 자리로 들어가면 척박하고, 어렵고, 광야와 같은 곳을 걷게 하실 때가 참 많습니다. 바울의 경우도 그러했습니다. 사도행전 22장에서 바울은 부활하신 예수님을 만나고 멀었던 자신의 눈을 뜨게 해 주었던 아나니아의 예언을 다음과 같이 소개했습니다. "그때에 아나니아가 내게 말하였습니다. 우리 조상의 하나님께서 당신을 택하셔서, 자기의 뜻을 알게 하시고, 그 의로우신 분을 보게 하시고,

그분의 입에서 나오는 음성을 듣게 하셨습니다. 당신은 그분을 위하여 모든 사람에게 당신이 보고 들은 것을 증언하는 증인이 될 것입니다"(행 22:14-15, 새번역성경).

하나님의 멋진 비전을 들은 바울이 이제 소명자로 나서게 됩니다. 그러나 하나님께서는 그가 앞으로 겪을 고난에 대해서는 구체적으로 말씀하지 않으셨습니다. 얼마나 많은 사람들로부터 배신을 당하게 될지, 배를 타고 가다가 파선의 경험은 몇 번이나 하게 될지, 얼마나 많은 매를 맞아야 할지에 대해서는 말씀하시지 않았습니다. 알려 주셨더라면 얼마나 좋았을까요? 그러나 하나님은 그러지 않으실 때가 많습니다. 그럼에도 바울은 고난을 겪으면서도 하나님께서 보여 주신 약속만을 믿고 나아갑니다. 후에 로마서를 통해서 그가 이렇게 고백합니다. "생각하건대 현재의 고난은 장차 우리에게 나타날 영광과 비교할 수 없도다"(롬 8:18).

하나님께서 이루고자 하시는 꿈을 붙잡고 나아가면서 현재의 고난은 아무것도 아니라고 이야기하는 바울의 모습에서 우리는 위대한 신앙인의 모습을 보게 됩니다. 이것이 바로 믿음이요, 하나님의 인도하심을 받는 사람들의 특징이기도 합니다. 그렇다면 하나님께서는 왜 우리를 이렇게 인도해 가실까요?

창세기 13장의 사건도 마찬가지입니다. 하나님의 명령을 따라 고향을 떠난 아브라함이 가나안 땅으로 가게 됩니다. 그런데 그곳에 기근이 들어 더 이상 살지 못하고 이집트로 내려갔다는 내용이 이어집니다. 하나님께서 아브라함을 향해 이렇게 말씀하셨다면 어땠을까요? "우선 나를 따라 가나안 땅으로 가자. 그러나 얼마 후에 그 땅에 기근이 있을 것이니 가능하면 도착하자마자 곡식을 많이 사 두어라. 그러면 기근도 견딜 수 있고, 곡식을 팔아 부자가 될 수 있을 것이다." 그러나 하나님은 그렇게 하지 않으셨습니다. 멀리 보고 약속을 따라 떠난 아브라함의 순례 길은 처음부터 혼란이었습니다. 아내를 누이라고 속이다가 문제가 발생하여 이집트에서 나오는 이야기도 존재합니다. 어찌 보면 좌충우돌입니다. 하나님은 왜 우리를 이렇게 인도하실까요?

제가 학생들에게 종종 했던 이야기가 있습니다. 신대원생들에게 저의 전공 영역을 잘 풀어 설명하면서 강의를 하다 보면 학생들이 깊이 빠져들 때가 있었습니다. 과목에 대해 흥미를 가지다보니 조금 더 공부해야겠다고 대학원에 들어오는 학생들도 있었습니다. 그 학생들과의 첫 만남에서 이렇게 이야기하곤 했습니다. "나의 강의를 듣고 내용이 좋아서 이 과목을 전공으로 선택했을지도 모른다. 그런데 나는 저 멀리 보이는 산에 다녀온 사람과 같다. 저 멀리 있는 산에 다녀와서 그 산에 어떤 것이 있었는지를 설명하는 사람과 같다. 나의 증언을 듣고 감동해서 이 전공을 선택했을지도 모른다. 이제는 너희가 선택했기 때문에 꼭 해 주고 싶은 이야기가 있다"라고 말한 후 덧붙입니다. "저 멀리 보이는 것이 아름답게 보인다. 그런데 그곳에 가기 위해서는 길을 떠나야 한다. 그 길을 따라

나서는 것이 그리 쉽지만은 않다. 척박하고 어렵고 힘들고, 때로는 길을 잃을 수도 있다. 왜 이 길을 가고 있는지 고민할 때도 있을 것이다. 그러나 나를 따라 그 길을 가다 보면 내가 말한 산에 올라가 있을 것이다. 그때까지는 척박한 길이더라도 잘 따라와야 한다."

하나님께서 우리를 이끌어 가시는 방식도 이와 같지 않을까요? 저 멀리 있는 약속을 보여 주시고 꿈을 갖게 하시죠. 그리고 그것을 향해 길을 나서게 하십니다. 그러나 하나님의 약속은 멀리 보일 뿐 우리는 앞에 있는 땅을 밟아가야만 합니다. 정글을 통과해야 하고 때로는 광야를 통과해야 합니다. 그러나 그 길을 통과했을 때 마침내 우리는 하나님의 약속에 이르게 됩니다. 하나님께서 이스라엘 백성을 이끄실 때도 마찬가지였습니다. 멀리 있는 약속의 땅 가나안을 보게 하셨지만 척박한 광야의 땅을 걸어가게도 하셨습니다. 그곳에서 많은 경험을 하게 하시고 경험을 통해서 그들의 믿음이 성장하게 하셨습니다. 그리고 약속의 땅으로 인도해 주셨습니다. 이것이 우리를 이끌어 가시는 하나님의 방식입니다.

하나님은 "내가 너와 함께하겠다" 약속하시며
한걸음 한걸음 인도해 주십니다

주의 깊게 보아야 할 표현이 있습니다. "내가 네게 지시할"이라는 구절입니다. "내가 너에게 보여 주는, 내가 너에게 보여 줄"이라는 뜻으로 해석될 수 있습니다. 이 말씀은 최종 목표 지점에 대한 말씀이면서 동시에 하나님께서 아브라함과 늘 동행하시겠다는 약속이 포함되어 있습니다. "내가 너에게 보여 줄, 보여 준, 보여 주고 있는" 그 땅을 너희가 밟으라는 하나님의 약속인 것입니다. 그렇게 하나님께서는 아브라함에게 하나씩, 하나씩 길을 열어 보이셨습니다. 히브리서는 아브라함을 다음과 같이 평가합니다.

"믿음으로 아브라함은, 부르심을 받았을 때에 순종하고, 장차 자기 몫으로 받을 땅을 향해 나갔습니다. 그런데 그는 어디로 가는지를 알지 못했지만, 떠난 것입니다 … 이 사람들은 모두 믿음을 따라 살다가 죽었습니다. 그들은 약속하신 것을 받지는 못했지만, 그것을 멀리서 바라보고 반겼으며, 땅에서는 길손과 나그네 신세임을 고백하였습니다"(히 11:8,13, 새번역성경). 멀리 있는 하나님의 약속을 바라보며 척박한 땅을 걸어간 아브라함의 모습을 표현한 것입니다. 이것이 오늘을 사는 우리의 모습이기도 합니다.

예수님께서 우리에게 큰 약속을 주셨습니다. 우리에게 거할 처소를 마련해 주시겠다고 약속하셨습니다. "너희는 마음에 근심하지 말라 하나님을 믿으니 또 나를 믿으라 … 가서 너희를 위하여 거처를 예비하면 내가 다시 와서 너희를 내게로 영접하여 나 있는 곳에 너희도 있게 하리라"(요 14:1-3).

하나님께서 예수 그리스도를 통하여 주신 위대한 비전입니다.

우리는 마침내 그곳에 도달할 수 있을 것입니다. 하나님께서 그 약속을 우리에게 주셨기 때문입니다. 우리는 그 꿈을 꾸면서 이 땅에서의 삶을 영위해 가고 있습니다. 한걸음 한걸음 나아가고 있습니다. 그러나 하나님께서는 우리가 무엇을 해야 할지, 앞으로 어떤 일을 해야 할지 구체적으로 말씀하지는 않습니다. 먼 곳을 바라보게 하시며 그저 "나를 따라오라"고 말씀하십니다. "내가 곧 길이다"라고 선포하시며 "너의 발에 등불이 될 것이다"라고 말씀하시면서 따라오라고 명하십니다. 이것이 하나님께서 우리를 인도하시는 방식입니다.

창세기 22장에서 하나님은 아브라함에게 이삭을 바치라고 명령하시죠. 큰 민족을 이루시겠다는 약속을 하신 지 25년이 지나도록 주시지 않은 아들이었는데 그 아들마저 바치라는 명령이었습니다. 이후에 어떤 일이 일어날지 말씀하지 않으셨고 아브라함에게 그저 그 길을 가도록 하셨습니다. 그러나 하나님은 모리아 산에 어린 양 한 마리를 이미 준비하셨고 그 양을 이삭 대신 바치게 하셨습니다. 하나님께서 아브라함을 인도하시는 방식이었던 것입니다.

유학을 하던 중 시각 장애를 가진 분과 오랜 시간 교제를 나눈 적이 있었습니다. 그분과 동행할 때 항상 하던 일이 있었습니다. 먼저는 그분이 가길 원하는 곳을 묻는 일이었습니다. "도서관 갑니다" 하고 말씀하시면 그곳을 향해 함께 출발했습니다. 처음에는 잘 몰라서 제가 "저 앞에 뭐가 있으니 조심하세요" 하고 이야기했더니 굉장히 당황하시더군요. 저 앞이 어느 정도인지 알 수 없었기 때문이죠. 그러니 도리어 두려워하고 힘들어하셨습니다. 차츰 돕는 방법을 알게 되었고 이후로는 "한 발자국 떼시고요. 오른쪽으로 돕니다. 다섯 계단이 있습니다 …" 이야기하며 바로 앞의 길을 안내해 드렸습니다. 그랬더니 보다 안정감을 가지고 이동하시는 모습을 보았습니다. 시각 장애인들이 이동할 때 막대기로 두드리면서 가지 않습니까? 그분에게 들었는데 마지막으로 친 자리, 그 자리가 안전한지를 확인한 후에 그곳으로 발걸음을 옮긴다고 합니다. 하나씩 확인하고 발걸음을 옮기고, 또 한 자리를 확인하고 발걸음을 옮기면서 길을 간다는 것입니다.

우리 인생도 그러합니다. 하나님께서 우리를 인도하십니다. 먼 미래를 보게 하시고 큰 꿈을 꾸게 하시고 축복을 대망하게 하십니다. 그러나 우리는 척박한 땅을 걸어갑니다. 하나님의 말씀을 따라 내가 놓을 발자국 그 한 자리를 보며 살아가는 것입니다. 이것이 우리가 살아가는 방식이고 하나님께서 우리를 인도하시는 방법입니다.

"여호와의 말씀이니라 너희를 향한 나의 생각을 내가 아나니 평안이요 재앙이 아니라 너희에게 미래와 희망을 주는 것이니라 너희가 내게 부르짖으며 내게 와서 기도하면 내가 너희들의 기도를 들을 것이요 너희가 온 마음으로 나를 구하면 나를 찾을 것이요 나를 만나리라"(렘 29:11-13).

포로로 잡혀가 언제 돌아올지 모르는 이스라엘을 향해 하나님께서 주신 말씀이 무엇입니까? "너희를 향한 나의 생각을 아나니 평안이요 재앙이 아니니라"는 큰 비전을 주십니다. 돌아올 날을 대망하게 하십니다. 70년이 될지, 앞으로 몇 년을 기다려야 할지 모르는 상황 속에서 너희는 반드시 돌아와 회복될 것이라고 약속해 주셨습니다. 그리고 하루하루를 살아내기를 권면하시죠.

현대를 살아가는 우리는 지금 어디로 가고 있는지, 이 길이 언제까지 이어질지 알 수 없습니다. 그러나 하나님은 우리를 사랑하시고 평안과 은혜를 내려 주십니다. "너희를 향한 나의 생각을 내가 아나니 평안이요 재앙이 아니니라. 너희에게 미래와 희망을 주는 것이니라." 척박한 상황 속에서 주님 말씀 붙잡고 다시 한번 힘을 냅시다. 하루하루 믿음으로 한 발자국, 한 발자국 내딛는 우리 모두가 되기를 바랍니다.

기도

하나님, 주님의 인도하심을 거부하고 우리가 원하는 대로 간청하는 미련함을 용서하옵소서. 영원한 삶을 약속하신 사랑에도 두려움에 떠는 우리를 불쌍히 여기옵소서. 하루하루 주님께 지혜를 구하며 주의 뜻을 이뤄 가게 하옵소서. 아멘.

무너진 삶, 살리시는 주님

—

요한복음 21:12-17

하나님의 능력으로
새로운 존재가 되는 것이 부활입니다

기독교의 독특성과 정체성은 예수 그리스도의 부활에 있습니다. 죽음은 우리가 살아가면서 직·간접적으로 계속해서 겪어야 할 아픔입니다. 죽음을 직면할수록 우리는 '예수 그리스도의 부활이 없었다면 어떻게 되었을까?'라는 생각을 하게 됩니다. 목회자로서뿐만 아니라 한 인간으로서도 예수 그리스도의 부활이 없었다면, 인간은 참 절망적인 존재라는 생각이 듭니다.

예수 그리스도의 부활은 죽음을 넘어서는 희망을 우리에게 전해 줍니다. 하지만 부활 신앙은 종말론적인 죽음 앞에서만 희망을 주는 게 아닙니다. 부활 신앙은 현세적인 우리 삶에도 매우 큰 도움을 주며 희망을 선사합니다. 예수님이 이렇게 말씀하셨습니다. "예수께서 이르시되 나는 부활이요 생명이니 나를 믿는 자는 죽어도 살겠고 무릇 살아서 나를 믿는 자는 영원히 죽지 아니하리니 이것을 네가 믿느냐"(요 11:25-26).

주님께서 "나는 부활이요 생명이다"라고 말씀하셨고, 이를 믿는 자는 죽어도 살겠고, 죽은 사람에게도, 죽어 가는 사람에게도, 죽음을 앞둔 사람에게도 매우 놀랍고 고귀한 진리임을 가르쳐 주셨습니다. 죽은 자도 살리시겠다는 예수님의 약속의 말씀입니다. 또한 "무릇 살아서 나를 믿는 자는 영원히 죽지 아니하리라"라는 말씀은 부활 신앙이 살아 있는 사람들에게도 유효하며, 의미가 있고, 희망을 준다는 뜻입니다. 부활 신앙에 참여한다는 것은 예수 그리스도와 함께 십자가에 못 박힘으로 옛 자아를 죽이고, 예수 그리스도와 연합하여 다시 살아나는 것, 곧 예수 그리스도의 성품과 인격으로 다시 태어나는 것입니다.

하지만 한 가지 더 강조할 점이 있습니다. 그것은 바로 '하나님의 능력으로'라는 것입니다. 부활은 우리의 힘으로 가능하지 않습니다. 죽음도 마찬가지지만, 현세적인 의미에서의 부활 역시 우리의 힘으로 가능하지 않습니다. 살리시는 주님의 능력이 필요합니다. 주님의 능력을 통해서만 부활의 삶이 가능합니다. 그런 의미에서 부활 신앙을 이렇게 다시 정의해 볼 수 있습니다. '부활 신앙은 하나님의 능력으로 새 생명을 얻는 것이다. 하나님의 능력으로 새로운 존재로 태어나는 것이다.' 내 힘이 아닌 하나님의 능력으로 새로운 생명을 얻는 것이 부활입니다. 옛 모습 그대로가 아니라 하나님께서 주시는 새로운 존재로 태어나는 것입니다. 이것이 바로 부활 신앙입니다.

부활 신앙은 희망을 주는 사람으로 다시 태어나는 것입니다. 예수 그리스도와 같은 존재로 태어나는 것, 예수 그리스도와 같은 삶을 살아내는 존재로 태어나는 것, 이것이 바로 부활 신앙입니다.

실망하고 좌절한 삶의 자리에
부활하신 주님이 찾아오십니다

그렇다면 부활 신앙은 어떤 과정을 거쳐 우리의 것이 될까요? 부활 신앙을 갖는 것이 하나님의 능력으로 가능한 일이라면 '우리는 무엇을 하는가'라는 질문이 생깁니다. 부활은 우리가 '부활해야지'라고 마음먹거나 노력해서 이루어지는 것이 아닙니다. 우리는 완전한 죽음을 경험하게 됩니다. 완벽히 죽음에 삼켜지는 것입니다. 그러나 하나님께서 십자가에서 죽으신 예수 그리스도를 살리셨던 것처럼 우리도 살려내시는 것입니다. 하나님의 능력으로 우리가 부활하게 된다는 말입니다.

현세적으로 부활의 삶을 산다는 것, 즉 삶 속에서 부활을 경험하는 것도 마찬가지입니다. 내가 '나를 십자가에 못 박아야지. 내가 죽고 다시 살아나야지'라고 생각한다고 해서 부활의 삶을 살 수 있는 게 아닙니다. 내가 새롭게 창조되는 경험은 하나님께로부터 옵니다. 하나님께서 우리를 살펴주셔서 진정한 인간으로 태어나는 것이 부활 신앙이라고 할 수 있습니다.

그렇다면 하나님의 은혜로 주어지는 부활 신앙과 부활의 삶이 어떻게 우리의 삶에서 실현될 수 있을까요? 성경에 기록된 여러 사례 중에서 한 가지 이야기를 살펴봄으로써 우리가 무엇을 기대하며 무엇을 할 수 있는지 생각해 보려고 합니다. 특별히, 베드로가 부활하신 주님을 만나는 장면을 살펴보면서 예수 그리스도의 부활이 어떻게 우리의 부활로 이어지는지 나누고자 합니다.

디베랴 바닷가에서 벌어진 이야기를 들을 때마다 마음이 묘합니다. 마치 어떤 동화 속으로 들어가는 것만 같습니다. 요한복음 20장까지 모든 이야기가 끝난 것 같은데, 그 뒤에 한 장이 덧붙여집니다. 디베랴 바닷가에서 베드로를 다시 찾아오시는 예수님의 이야기입니다. 부활하신 주님께서 베드로를 만나시고, 그에게 소명을 허락하신 사건입니다. 한 편의 드라마 같기도 하고, 그림이 그려지는 아름다운 이야기입니다. 뭔가 아름다운 풍경이 펼쳐진 듯하고, 바닷가 소리도 들리는 것 같습니다. 한번 상상해 보며 이 말씀을 살피면 좋겠습니다.

찰싹거리는 파도 소리가 들립니다. 잔잔한 바닷가에 찾아온 깜깜한 밤, 그리고 서서히 동이 틉니다. 밤새 고기를 잡으려 한 제자들이 그곳에 있습니다. 그들이 바다 위 배에 앉아 있는 모습을 상상해 보십시오. 실망감에 사로잡힌 이들입니다. 예수님을 따르려고 노력했지만 결국 실패하고, 예수님이 십자가에 달려 돌아가실 때 도망치듯 떠난 사람들입니다. 그 사람들이 지금 아무런 의미도 없이, 어떻게 살아야 하는지도 모른 채 배를 타고 있습니다. 물고기를 잡으려 했지만 한 마리도 잡지 못했습니다.

이들에게 고기를 잡는다는 것은 어떤 의미였을까요? 이들이 '고기를 잡아 빨리 돈을 벌어야겠다. 3년 동안이나 못 잡은 고기를 잡아 세상으로 돌아가야겠다'라고 생각하며 바다로 나갔을까요? '이제 다시 실력 발휘를 해 보자. 옛 실력이 살아 있는지 확인해 보자'라며 그물을 던졌을까요? 적어도 그런 마음으로 그물을 던진 것 같지는 않습니다. 그렇다면 어떤 마음이었을까요? 성경은 다음과 같이 당시 상황을 전해 주고 있습니다. "시몬 베드로가 나는 물고기 잡으러 가노라 하니 그들이 우리도 함께 가겠다 하고 나가서 배에 올랐으나 그 날 밤에 아무것도 잡지 못하였더니"(요 21:3).

어떤 느낌이 오십니까? "고기를 잡으러 가야겠다"라는 이 말을 베드로가 언제쯤 했을까요? 바닷가에 앉아서 떠 있는 배를 바라보며 무슨 생각을 했을까요? 여러 생각을 했겠지요. 예수님을 세 번이나 부인했던 베드로, 아마 그는 그날의 기억을 떠올렸을지 모릅니다. '내가 왜 그랬을까? 주님을 만나면 무슨 낯으로 뵐 수 있을까? 예수님이 부활하신 건 맞나? 만약 예수님이 부활하셨다면, 그분을 다시 만나게 된다면, 나는 무슨 말로 사죄를 해야 할까?'

밤새 그런 생각을 하다가 어느 순간, '배를 타고 나가야겠다. 고기나 잡으러 나가야겠다'라고 생각한 것 같습니다. 그렇게 올라탄 배에 다른 제자들도 함께했습니다. 아마 그들은 고기잡이에는 큰 관심이 없었을 것입니다. 그저 하염없이 배를 타고 나갔을지 모릅니다. 어쩌면 그물을 내리지 않았을지도 모릅니다. 한 번 내렸다가 고기가 잡히지 않는 것을 보곤, 한참 동안 머물러 있다가 다시 그물을 내릴 생각을 했을지도 모릅니다. 그렇게 하염없이 시간을 보냈습니다. 그러니 고기를 잡을 수 없었을 것입니다.

날이 새어 가는 그때, 부활하신 주님께서 멀리 서 계십니다. 바닷가에 서 계십니다. 부활하신 예수님이 그들을 찾아오신 것입니다. 처음에는 예수님을 알아보지 못했지만, 곧 알게 되었습니다. 예수님이 '한마디 말씀'을 하시고 '그 일'을 하는 순간, 그분이심을 확신했습니다. 먼저 예수님은 그물을 오른편에 던지라고 말씀하셨습니다. 많이 들어본 목소리입니다. 제자들이 그물을 오른편에 던지자 많은 고기가 잡힙니다. 고기를 많이 잡는 게 그들에게는 큰 의미가 없었을지도 모릅니다. 그러나 그것은 하나의 사인이 되었습니다.

부활 신앙이란 주님을 처음 만난 그때로
내 삶을 돌이키는 것입니다

그 순간 베드로는 이전에 처음 주님을 만났던 장면을 떠올렸을 것입니다. 베드로가 예수님을 만났던 첫날을 누가복음 5장은 이렇게 증언합니다. 예수께서 바닷가의 베드로에게 찾아오셨는데, 사실 그 전날부터 베드로는 하루 종일 고기를 잡으려 했지만 한 마리도 잡지 못하던 상황이었습니다. 빈손으로 돌아와 그물을 정리하고 있던 그의 배에 예수님이 올라타십니다. '이분이 갑자기 왜 오셨나?'라고 생각하는 순간, 예수님이 배를 조금 띄우라고 말씀하시고는 몰려든 많은 사람을 향해 긴 연설을 하셨습니다. 베드로는 옆에서 그 말씀을 들었습니다. 그리고 '참 신기한 분이다. 대단한 분이다'라는 느낌을 받았습니다. 이것이 베드로가 처음 주님을 만났을 때입니다.

예수님은 말씀을 마치신 후 '깊은 데'로 가라고 명하셨습니다. 또 그곳에 그물을 던지라고 하셨습니다. 그렇게 하여 베드로는 그물이 찢어질 만큼 많은 고기를 잡을 수 있었습니다. 이에 베드로가 주님께 엎드려 외쳤습니다. "나는 죄인입니다. 나를 떠나십시오." 이것이 베드로가 경험한 첫 번째 예수님의 모습입니다. 바로 그날의 기억이 떠오릅니다. 지금 베드로는 '처음으로 돌아가도록 만드시는' 부활하신 주님을 경험하고 있습니다. 내가 주님을 처음 만났던 그 자리, 그 시간으로 돌아감을 경험합니다.

어떻게 하면 우리가 부활에 참여할 수 있을까요? 어떻게 하면 내가 나를 죽이고, 예수 그리스도와 연합할 수 있으며, 어떻게 해야 내가 예수 그리스도와 함께 다시 새로운 존재로 태어날 수 있을까요? 우리가 할 수 있는 일은 거의 없습니다. 단, 한 가지 기억해야 할 것이 있습니다. 부활하신 주님이 베드로를 찾아오셨던 것처럼 우리에게도 찾아오고 계신다는 사실입니다. 그러니 "예수께서 부활하셨습니다"라는 선포는 단순한 외침만이 아닙니다. 이 선포는 부활하신 예수께서 베드로를 찾아가셨다는 환호인 동시에 부활하신 주님께서 우리를 찾아오신다는 환호입니다.

부활 신앙은 "부활하신 주님께서 나를 찾아오신다"라는 믿음의 선언이라고 할 수 있습니다. 부활하신 분이 살아나셔서 그저 하늘로 올라가셨다는 뜻이 아닙니다. 부활하신 예수께서 나를 불쌍히 여기셔서 나의 죄악에도 불구하고, 나의 부족함과 연약함에도 불구하고, 나에게로 오셨다는 것을 믿음으로 받아들이는 것입니다. 이것이 바로 부활 신앙입니다. 그리고 이것이 부활을 경험할 수 있는 첫 번째 단계입니다.

부활하신 주님은 오늘도 성령을 통해 우리에게 다가오십니다. 주님을 처음 만났던 그날의 기억으로 베드로를 초청하셨던 것처럼, 우리에게도 주님을 처음 만났던 장소와 시간으로 초청하십니다. 주님의 말씀을 들었던 그 은혜의 장소로 우리를 이끌어 가십니다. 이것이 부활하신 주님께서 우리에게 베푸시는 은총입니다.

부활 신앙이란 부끄러운 내 삶을 수용하시는
주님의 품에 안기는 것입니다

두 번째로 베드로가 육지로 올라왔을 때, 주님은 숯불을 피워 생선을 굽고 계셨습니다. 가장 부끄러운 자리로 베드로를 초청하신 것입니다. 실패의 자리, 내놓고 싶지 않은 자리, 죄악의 자리입니다. 너무나 죄송한 자리, 그 자리로 베드로를 이끄십니다. 그리고 음식을 베풀어 주십니다.

예수님은 베드로를 만나 "네가 왜 나를 배신했느냐?"라고 묻지 않으셨습니다. 또 "내가 너에게 세 번 부인할 것이라고 이야기했지? 그대로 되었지?"라고 확인하지도 않으셨습니다. 어떤 말도 하지 않으셨습니다. 그저 식탁을 차려 주시며, 십자가에 달리기 전 마지막 날 함께했던 식탁과 똑같은 자리로 초대하셨습니다. 마치 아무 일도 없었다는 듯이, 제자들과 헤어졌던 마지막 식탁과 똑같은 자리로 베드로와 제자들을 초대하셨습니다.

그러나 과거와는 너무 다른 모습입니다. 과거에는 제자였습니다. 수제자였습니다. 가까이에서 주님을 따르는 제자였습니다. 마지막 만찬 때는 그랬습니다. 그때는 당당했습니다. 떳떳했습니다. 힘찼습니다. 그러나 이 새벽은 다릅니다. 죄인의 심정으로, 두려워 떨며 배신했던 뼈아픈 기억을 떠올리게 됩니다. 그럼에도 불구하고 주님은 여전히 변함없이 제자들을 대우하십니다. 그들에게 똑같은 식사를 허락해 주십니다.

이 말씀에는 '용서'라는 단어가 나오지 않습니다. '죄'라는 단어도 없습니다. 하지만 이 이야기 속에서 우리는 '베드로의 회개'와 '주님의 용서'라는 아름다운 모습을 발견합니다. 참으로 이상하지 않습니까? 죄라는 말도 없고, 용서라는 말도 없고, 회개라는 말도 없는데, 어떻게 이 장면에서 용서와 회개, 연합이 생각나는 것일까요?

우리 주님께서 베드로에게 아무런 말씀도 하지 않으시고, 도리어 음식을 나누어 주셨습니다. 베드로는 이때 아무런 이야기도 하지 못했습니다. 오히려 처음 예수님을 만났을 때는 "나를 떠나소서. 나는 죄인이로소이다"라고 외쳤습니다. 그런데 정작 두 번째, 부활의 주님을 만날 때는 그런 말조차도 할 수가 없었습니다. 너무나 죄송해서 할 말이 없었던 것입니다.

우리가 어떻게 주님의 부활에 참여하는 것입니까? 부활하신 주님께서 나의 자리, 나의 현실로 찾아오셔서 숯불을 피우십니다. 나의 죄악의 자리, 부족함의 자리를 보게 하시며, 식탁을 베풀어 주십니다. 그곳이 바로 은혜의 자리입니다.

죄라는 말은 없지만 용서가 경험됩니다. 사죄라는 말이 없는데도 연합이 경험됩니다. 죄라는 말이 없어도 좋습니다. 회개라는 말이 없어도 좋습니다. 용서라는 말이 없어도 좋습니다. 부활하신 주님께서 나를 받아 주십니다. "용서는 내가 했다. 이미 모든 죄를 내가 용서했다. 하나님과 모든 죄를 해결했다. 그러므로 이제 너에게 죄를 묻지 않겠다"라고 부활하신 주님께서 우리를 온전하게 수용해 주십니다.

부활하신 주님께서 나를 받아 주십니다. 나를 안아 주십니다. 가장 추한 자리까지 알고 계시는 그분이 나를 온전히 안아 주시는 경험을 하게 됩니다. 이것이 바로 부활 경험입니다. 우리도 이 부활의 자리로 함께 나아갈 수 있으면 좋겠습니다. 부활하신 주님께서 나를 찾아오시는 모습을 볼 수 있으면 좋겠습니다. 실패한 자리, 좌절의 자리, 부끄러운 자리에 찾아오시며, 우리를 다시 초대하고 안아 주시는 주님을 경험하시기를 바랍니다.

부활 신앙이란 주님께 사랑을 고백하는 삶에서 실현됩니다

주님께서 베드로에게 물으셨습니다. "네가 나를 사랑하느냐?" 세 번이나 물으셨습니다. 베드로가 세 번 주님을 부인해서였을까요? 주님께서는 세 번 다시 고백하도록 유도하십니다. 이 장면에서 주님이 베드로에게 물어보신 것은 단 하나입니다. "네가 나를 사랑하느냐?"

부활의 주님을 만나는 자리에서 우리가 할 수 있는 유일한 것이 있다면 바로 이것입니다. 내가 스스로 나를 십자가에 못 박을 수도 없고, 나 자신을 스스로 죽일 수도 없고, 나 자신이 스스로 살아날 수도 없습니다. 그러나 부활하신 주님을 우리가 다시 만날 때, 한 가지 할 수 있는 게 있습니다. 바로 사랑의 고백입니다.

"네가 나를 사랑하느냐?" "주님, 내가 주님을 사랑하는 줄 주님께서 아십니다." "네가 나를 사랑하느냐?" "주님, 내가 주님을 사랑하는 줄을 주님께서 아십니다." "내가 주님을 사랑합니다." 이것이 주님께서 우리에게 요구하시는 단 한 가지 일입니다. 주님께 사랑을 고백할 때, 부활하신 주님께서 우리의 소명을 새롭게 하십니다. "내 양을 먹이라." 이것이 주님께서 허락하신 새 소명이었습니다. 이제 베드로는 다시 소명을 받습니다. 새로운 존재로 다시 태어납니다. 양을 먹이고, 양을 이끄는 막중한 책임을 지는 존재로 다시 살아난 것입니다. 이것이 베드로의 부활입니다.

이제는 그저 무의미한 삶을 살아가는 존재가 아니라는 뜻입니다. 실망하고 좌절하여 어떤 일을 해야 할지 모르는 존재도 아닙니다. 과거에 지은 죄에 치여 벗어나지 못하고 온갖 회한 속에서 살아가는 존재도 아닙니다. 이제 부활하신 주님에게서 새 소명을 받았습니다. 사명을 받았습니다. 새로운 존재가 된 것입니다. 이것이 베드로의 부활입니다. 주님께서 베드로를 다시 살리셨습니다. 부활하신 주님께서 베드로를 살리신 것입니다.

부활 신앙이란 무엇입니까? 죽어서 천당 간다는 내세적인 신앙만이 부활 신앙이 아닙니다. 부활 신앙이란 다시 일어나는 것입니다. 새로워지는 것입니다. 다시 소명을 받는 것입니다. 하나님께 부름받는 것입니다. 의미를 찾는 것입니다. 새로운 존재로 태어나는 것입니다. 나의 힘으로가 아닙니다. 내 결심으로도 아닙니다. 내 생각으로도 아닙니다. 주님의 능력으로, 은혜로, 용서로 새롭게 출발하는 것입니다. 다시 일어나는 것, 새로운 생명을 부여받는 것입니다.

우리는 지금 어디에 있습니까? 우리 주님께서 한 가지 사실만을 우리에게 물으십니다. "네가 나를 사랑하느냐?" 부활하신 주님이 오늘도 우리 앞에 계십니다. 부활하신 주님이 베드로를 찾아오셨듯이 우리 앞에 계십니다. 성령으로 우리와 함께 계십니다. 그분은 우리에게 한 가지를 묻고 계십니다. "네가 나를 사랑하느냐?" 그리고 "네가 나를 사랑한다면, 내가 모든 죄를 용서하고, 내가 너를 받아들이고, 내가 너를 새롭게 하리라. 네가 나를 사랑한다면, 내가 너를 고치리라. 네가 나를 사랑하기만 한다면, 너를 새롭게 태어나게 하리라"라고 말씀하시는 것입니다. 다시 일어나십시다. 새로운 존재로 우리 주님께서 부활하셨습니다.

기도

하나님, 예수님을 세 번이나 부인한 베드로를 찾아오셔서 고치시고 새 피조물 되게 하신 사랑과 은혜를 기억합니다. 우리도 주님의 부활을 입고 싶습니다. 베드로를 찾으셨듯이 우리를 찾으시고, 구하시고, 새로운 존재로 태어나는 참된 부활을 허락하옵소서. 아멘.

곤고한 날의 은혜, 긍휼

—

디모데전서 1:12-17

우리는 모두
하나님의 긍휼이 필요한 인생입니다

믿는 사람 대부분이 드리는 기도가 있습니다. "하나님, 우리에게 긍휼을 베풀어 주십시오"라는 기도입니다. 중요한 자격시험의 합격을 위해, 좋은 배우자를 만나기 위해, 힘든 사업이 나아지기를 기도 중인 이도 있습니다. 좋은 대학에 가고 싶어 열심히 노력하는 학생과 부모가 있습니다. 건강이 나빠져 치료를 받는 이가 있습니다. 갑자기 실직해서 일자리를 찾는 이가 있습니다. 가족이 어려움을 당해 극복하느라 애쓰는 이들도 있을 것입니다. 모두가 한마음으로 "하나님, 우리에게 긍휼을 베풀어 주십시오"라고 기도합니다.

인간으로서 마땅하고 당연한 기도라고 할 수 있습니다. 하나님께 기도하며 긍휼을 구하는 것은 모든 믿는 자의 특권입니다. 그 자체가 참으로 귀한 일이라고도 할 수 있습니다. 인간은 하나님 앞에 설 때 빈손으로 설 수밖에 없는 존재입니다. 하나님께 도움을 간구하는 존재입니다. 하나님께서 내 빈손에 무언가를 채워 주시길 간절히 기도할 뿐입니다. 그것이 하나님 앞에 선 인간의 모습입니다.

사도 바울은
자신이 하나님께 긍휼을 입었다고 고백합니다

사도 바울 또한 우리와 다르지 않았습니다. 그 역시 하나님께 긍휼을 입었다고 디모데전서에서 고백합니다. "우리 주의 은혜가 그리스도 예수 안에 있는 믿음과 사랑과 함께 넘치도록 풍성하였도다"(딤전 1:14). 죄인 중에 괴수인 자신에게 하나님의 은혜가 넘치도록 풍성했다고 합니다. 하나님께서 자신을 긍휼히 여겨 주셨다는 확신으로 가득 차 있습니다. 어떻게 이런 태도를 가질 수 있었을까요? 그의 인생을 한번 생각해 봅니다.

사도 바울은 원래 '사울'이란 이름을 가진 사람이었습니다. 아시는 대로 예수 믿는 자들을 핍박했던 사람입니다. 스데반이 돌에 맞아 죽을 때, 그 자리에 함께 있었습니다. 스데반이 죽는 것을 마땅히 여긴 사람이기도 합니다. 그는 유대인이었고, 가말리엘의 문하의 사람이었으며, 바리새인이었습니다. 로마의 시민권도 가지고 있던 사람입니다. 장차 유대교를 이끌어 갈 미래의 인재였고, 이스라엘 민족을 이끌어 갈 사람이었습니다.

그런 그가 다메섹으로 가던 도중 예수를 만나게 됩니다. 그리고 그분이 그리스도이심을 깨닫게 됩니다. 바로 거기서 그의 인생이 뒤바뀝니다. 다메섹에 올라가 눈을 고친 후에는 다메섹에 있는 사람들에게 예수 그리스도를 증거하기 시작했습니다. 한순간에 추격자가 도망자로 바뀌게 된 것입니다. 이제는 자신을 죽이려는 사람들을 피해 도망 다닐 수밖에 없는 운명이 되었습니다. 이것이 바울의 인생입니다. 그의 인생은 그 이후로 달라졌습니다. 그의 운명도 달라졌습니다. 그의 마지막은 어떠했습니까? 목이 잘려 죽는 순교의 길을 가게 됩니다. 그는 정말 하나님의 긍휼하심을 입은 사람일까요? 그렇게 확신할 만큼 하나님의 긍휼하심을 입었습니까? 그가 말하는 긍휼은 어떤 것입니까?

사도 바울은
육체적, 정신적, 영적으로 곤고한 삶을 살았습니다

사도 바울은 잘 아시는 것처럼 "나는 수고도 더 많이 하고, 감옥살이도 더 많이 하고, 매도 더 많이 맞고, 여러 번 죽을 뻔하였습니다. 유대 사람들에게서 마흔에서 하나를 뺀 매를 맞은 것이 다섯 번이요, 채찍으로 맞은 것이 세 번이요, 돌로 맞은 것이 한 번이요, 파선을 당한 것이 세 번이요, 밤낮 꼬박 하루를 망망한 바다를 떠다녔습니다"(고후 11:23-25, 새번역성경). "수고와 고역에 시달리고, 여러 번 밤을 지새우고, 주리고, 목마르고, 여러 번 굶고, 추위에 떨고, 헐벗었습니다"(고후 11:27, 새번역성경).

이런 삶을 산 자가 과연 하나님의 긍휼을 입었다고 말할 수 있을까요? 하나님의 은혜로 충만한 인생이었냐는 말입니다. 육체적으로 고난받았으나 정신적으로는 기쁘고 행복했다면 그래도 다행일 것입니다. 하지만 바울은 정신적으로도 우리와 다르지 않았습니다. 우리가 염려하는 것처럼 그도 염려했고, 힘들어했으며, 두려워하기도 했습니다. 여러 상황 속에서 끊임없이 흔들리는 경험을 했습니다. 정신적으로도 행복하지 못했던 것 같습니다.

그렇다면 영적으로 성령의 감동하심이 그를 완전히 사로잡아 어떤 부정적인 생각이나 인간적인 마음도 들지 않게 했습니까? 마치 성자처럼 날마다 기쁨으로 살 수 있었습니까? 그렇지도 않습니다. 바울은 "내 속사람으로는 하나님의 법을 즐거워하되 내 지체 속에서 한 다른 법이 내 마음의 법과 싸워 내 지체 속에 있는 죄의 법으로 나를 사로잡는 것을 보는도다 오호라 나는 곤고한 사람이로다 이 사망의 몸에서 누가 나를 건져내랴"(롬 7:22-24)라고 고백합니다.

그는 하나님의 성령을 받았음에도, 끊임없이 마음에서 흘러나

오는 세상적인 감정, 사탄의 유혹을 끊어 내야만 했습니다. 영적인 전투를 계속해야 했습니다. 그를 사로잡으려는 사탄의 유혹과 싸워야 하는 곤고함을 경험해야만 했습니다.

정리하면, 그는 육체적으로도 편안한 삶을 살지 못했습니다. 매 맞고 굶주리고 감옥에 들어가는 삶의 연속이었습니다. 정신적으로도 염려와 연약함에 싸여 있었습니다. 심지어 영적으로도 계속해서 죄의 유혹과 싸워야 했습니다. 그렇다면 그가 누리는 하나님의 긍휼하심은 무엇이며, 하나님의 풍성한 은혜란 도대체 어디에 있는 것입니까?

사도 바울이 자신을 위해 기도하는 장면이 나오는데, 하나님께 세 번 간구했다는 기사가 나옵니다. 육체의 가시를 제해 달라고 세 번 간구했지만, 하나님께서 들어주시지 않았다는 내용입니다(고후 12:7-9 중). 그리고 나서 하나님께서는 "내 은혜가 네게 족하다"라고 말씀하셨습니다. 그에게 임한 하나님의 은혜가 얼마나 큰 것이기에 "내 은혜가 네게 족하다"라고 하셨겠습니까? 그토록 육체적으로, 정신적으로, 영적으로 큰 고통을 받고 있는데, 하나님이 그 정도쯤은 해결해 주셔야 하지 않겠습니까?

사도 바울은
그리스도의 비밀을 깨닫는 은혜를 입었습니다

도대체 사도 바울은 하나님의 어떤 긍휼을 입은 것입니까? 하나님의 어떤 은혜를 경험한 것입니까? 에베소서에 그 실마리가 있습니다. "너희를 위하여 내게 주신 하나님의 그 은혜의 경륜을 너희가 들었을 터이라 곧 계시로 내게 비밀을 알게 하신 것은 내가 먼저 간단히 기록함과 같으니 그것을 읽으면 내가 그리스도의 비밀을 깨달은 것을 너희가 알 수 있으리라"(엡 3:1-4).

차분하게 써 내려가는 바울의 글 속에서 그가 강력하게 누리고 있는 한 가지 은혜를 알 수 있습니다. 그리스도의 비밀이 그를 사로잡고 있습니다. 그는 서신서를 통해 끊임없이 그 비밀에 대해 설명합니다. 예수께서 그리스도가 되셨다는 사실, 메시아라는 사실, 그분이 십자가에 달려 돌아가셨으나 다시 살아나셨다는 사실, 그래서 우리와 하나님의 관계가 회복되었다는 사실, 예수 그리스도를 통해 우리가 은혜의 상속자가 되었다는 사실, 예수께서 부활하심으로 사망 권세가 훼파되었다는 사실, 그래서 우리에게 부활 소망이 있게 되었다는 사실, 바로 그 그리스도의 비밀을 노래하고 있습니다. 그 놀라운 비밀에 감격해 은혜가 충만함을 깨닫고 있는 것입니다. 이어서 그는 또 다른 비밀에 대해 말합니다. "그 비밀의 내용인즉 이방 사람들이 복음을 통하여 그리스도 예수 안에서 유대 사람들과 공동 상속자가 되고, 함께 한 몸이 되고, 약속을 함께 가지는 자가 되는 것입니다"(엡 3:6, 새번역성경).

사도 바울이 유대인으로 살 때만 해도, 하나님의 복음이 유대인 안에 갇혀 있는 줄로만 알았습니다. 예수 그리스도의 복음이 그 안에 제한되는 줄로만 알았습니다. 그런데 하나님께서 깨달음을 주셨습니다. 이 복음은 유대인에게만 머무는 것이 아니라 이방인에게도 전해져야 한다는 굉장한 비밀을 깨닫게 되었다는 말입니다. 나아가 이 일을 위해 하나님께서 자신을 부르신다는 사실을 깨닫게 되었습니다(엡 3:7). 놀랍고 경이로운 일이었습니다. 이방인에게까지 복음이 전파되기를 원하신다는 구원의 경륜을 깨닫고 노래하고 있는 것입니다. 바울은 이렇게 고백합니다. "하나님께서 모든 성도 가운데서 지극히 작은 자보다 더 작은 나에게 이 은혜를 주셔서, 그리스도의 헤아릴 수 없는 부요함을 이방 사람들에게 전하게 하시고, 만물을 창조하신 하나님 안에 영원 전부터 감추어져 있는 비밀의 계획이 무엇인지를 모두에게 밝히게 하셨습니다"(엡 3:8-9, 새번역성경).

바울은 그리스도의 비밀을 통하여 삶의 이유를 발견했습니다

사도 바울은 자신이 하나님께 긍휼을 입었다고 하면서 "내가 쓸

모가 있어서 하나님이 내게 긍휼을 베푸셨다"라고 하지 않았습니다. "내가 언젠가 로마서도 쓰고, 고린도서도 쓰고, 갈라디아서도 쓸 것을 아셨기 때문에 내게 긍휼을 입게 하신 것"이라고 말하지 않았습니다. 오히려 죄인 중에 괴수와 같은 바울을 살려 주시고 긍휼을 입도록 하신 것은, 예수님의 인내가 얼마나 큰지를 보여 주는 사건이고, 그와 같은 사람도 하나님께서 사용하신다는 사실을 모든 사람이 알도록 하려는 하나님의 은혜였다고 고백하고 있습니다. 이는 자신만을 생각하는 태도가 아니라 다른 사람들을 생각하는 태도입니다. 아직 구원받지 못한 사람들, 아직 하나님을 알지 못하는 사람들을 생각하면서, 그들이 하나님께로 다가갈 수 있도록 인도하는 바울의 모습입니다.

사도 바울은 하나님과 사람 앞에서 겸손을 잃지 않았습니다. 우리의 신앙 고백이 타인을 위할 때 성숙한 고백이 될 것입니다.

물론 바울에게는 자신이 구원받았다는 확신이 있습니다. 그리고 그것이 얼마나 큰 은혜인지를 압니다. 자랑할 만하다는 것도 압니다. 그러나 그것을 드러내지 않습니다. 오로지 겸손한 태도로 믿지 않은 사람들을 초청할 뿐입니다.

바울은 자신에게 주신 '비전'과 '소명'을 발견했습니다. 이방인들을 향해 나아가라고 하는 하나님의 음성을 들었습니다. 하나님께서는 바울에게 어떤 자리를 주지 않으셨습니다. 어떤 직업을 주지도 않으셨습니다. 하나님께서는 그에게 '비전'을 주셨습니다. 그에게 '꿈'을 주셨습니다. 그에게 '사역'을 맡겨 주셨습니다. 돈을 주지 않으셨습니다. 세상의 권세를 주지 않으셨습니다. 건강을 주신 것도 아닙니다. 그에게 꿈과 비전, 사역과 소명을 주셨습니다. 이것이 하나님의 은혜입니다.

사도 바울은 바로 그 사실을 노래합니다. "나 같은 사람에게 이런 비전을 주셨다니, 이렇게 위대한 꿈을 주셨다니! 내 평생의 동력이 될 만한 소명을 주셨다니!" 이렇게 기뻐하고 있는 것입니다. 한마디로 말하면, 바울이 이 세상을 살아갈 이유를 하나님께서 알려 주신 것입니다.

하나님의 긍휼 아래
삶의 비전과 소명을 발견할 수 있습니다

하나님의 긍휼하심이 무엇입니까? '내가 이 세상을 살아갈 이유를 알게 하심'입니다. 이것을 경험하고 있습니까? 내가 살아야 할 이유를 알고 있습니까? 내가 만든 꿈이 아니라, 스스로 만들어 낸 어떤 것이 아니라, 하나님으로부터 받은 꿈, 하나님께 받았다고 생각되는 비전이 있습니까?

바울에게는 그것이 은혜였습니다. 바울에게는 그것이 하나님의 긍휼하심이었습니다. 자신 같은 사람에게 살만한 동기를 주시는 하나님이 너무 감사했던 것입니다.

　우리 모두가 사도겠습니까? 우리 모두가 목회자겠습니까? 우리 모두가 장로겠습니까? 우리 모두가 권사겠습니까? 우리 모두가 같은 일을 하겠습니까? 성경이 말하는 것처럼 어떤 사람은 방언하는 일로, 어떤 사람은 선행을 베푸는 일로, 어떤 사람은 통역하는 일로 하나님께서 맡겨 주신 일을 감당합니다. 어떤 사람은 남편과 아내의 관계를 유지하며, 어떤 사람은 부모와 자녀의 관계를 유지하고, 하나님께서 주신 그 자리를 유지하는 것입니다. 어떤 사람은 자식을 키우는 일로, 어떤 사람은 부모를 봉양하는 일로 하나님의 부르심을 받습니다. 이것이 하나님께서 우리에게 주신 일입니다. 이것을 하나님께 받았는지, 하나님께서 주신 소명과 비전으로 여기는지가 중요합니다. 만약 그 은혜가 있다면 이미 하나님의 긍휼하심을 입은 사람입니다.

　우리는 인간이기에 하나님의 도우심을 구할 때가 참 많습니다. 하나님께 무엇을 달라고 해야 할 때가 많고, 빈손으로 서야 할 때가 참 많습니다. 그렇게 구하는 것은 결코 잘못된 것이 아닙니다. 또 그렇게 구할 때 하나님께서 간절한 기도를 들어주실 것입니다. 때를 따라 도우시는 하나님의 은혜를 경험해야 합니다. 이것은 신앙인의 마땅한 길이자 삶의 길입니다.

　하지만 우리는 바울의 모습 속에서 진정한 하나님의 긍휼하심을 배우게 됩니다. 그에게 하나님의 긍휼하심은 자신이 살아야 할 삶의 이유를 찾은 것이었습니다. 하나님의 뜻을 이루는 도구로 사용되는 것이었습니다. 내가 만든 비전이 아니라 하나님께서 주시는 비전을 받아드는 것이었습니다. "삶의 이유를 주십시오. 하나님, 나에게 살 이유를 주십시오. 하나님, 나에게 긍휼을 베풀어 주십시오." 우리가 궁극적으로 해야 할 간절한 기도가 되어야 할 것입니다. 이것이 바울이 경험한 하나님의 은혜요, 넘치는 하나님의 긍휼이기도 합니다.

전세계가 이제는 함께 살아야 하는 시대임을 배워 가고 있습니다. 하나님께서 우리에게 요구하시며 바라고 계시는 새로운 신앙의 차원이라고도 믿습니다. 나도 살고 다른 이도 사는 신앙, 나도 살리고 다른 이도 살리는 신앙으로 나아갈 필요가 있습니다. 전쟁과 가난의 시대를 살아오면서 나만 살기 위한 생존의 신앙을 고수해 왔다면, 이제 우리는 그 신앙의 포로기에서 벗어날 때가 되었습니다. 다른 이와 함께 공존하며 하나님의 의를 구하는 새로운 신앙의 차원으로 들어설 필요가 있습니다. 주님께서 우리를 그 자리로 부르고 계십니다. 우리가 응답할 때입니다. 새로운 시대를 맞이하며 우리의 신앙의 지경도 확장되길 원합니다.

다시 돌아봅시다. "우리를 구원하시는 주님, 우리를 살리시는 주님, 부활의 소망을 주시는 주님, 감사합니다. 내 은혜가 족합니다. 하나님의 긍휼하심이 크십니다. 나에게 소명을 주시고, 나에게 할 일을 주시고, 나에게 살아갈 이유를 주신 주님께 감사합니다. 하나님의 긍휼하심이 큽니다"라고 고백할 수 있는 우리 되기를 바랍니다. 우리 모두는 하나님의 긍휼하심을 입은 사람들입니다.

기도

하나님, 부족하고 연약하며 죄인 중에 괴수인 우리를 구원하시니 감사합니다. 바울의 고백처럼, 크고 놀라운 하나님의 경륜과 비밀에 참여하게 하시니 감사드립니다. 우리에게 긍휼을 베풀어 주신 이유를 겸손한 마음으로 돌아보게 하옵소서. 나 중심에서 벗어나 다른 이들과 함께 감사할 수 있는 삶이 되게 하옵소서. 아멘.

효용을 내려놓고 사랑을 선택하기

—

요한복음 12:1-8

마리아의 행동은
효용의 관점으로는 이해될 수 없습니다

요한복음 12장 말씀은 이렇게 시작됩니다. "유월절 엿새 전에 예수께서 베다니에 이르시니 이곳은 예수께서 죽은 자 가운데서 살리신 나사로가 있는 곳이라."

이 짧은 문장에는 두 가지 정보가 들어 있습니다. 먼저는 유월절 엿새 전, 예수께서 십자가 지기 얼마 전에 벌어진 사건이란 점입니다. 또 하나는 예수님이 계신 곳이 죽었던 나사로를 살린 기적을 일으킨 동네였다는 점입니다. 한편 본 사건은 요한복음뿐만 아니라 마태복음, 마가복음, 누가복음에도 공통적으로 소개됩니다. 복음서 간에 약간의 차이는 있지만 한 사건을 보도하고 있음은 분명합니다.

마가복음에 따르면, 베다니 지역의 나병 환자였던 시몬의 집에서 잔치가 벌어진 것으로 묘사됩니다. 요한복음에 따르면, 그곳에 나사로가 있었고 마리아와 마르다가 음식을 준비합니다. 예수님이 그곳에서 수많은 기적과 은혜를 베풀어 주신 덕분입니다. 나사로가 살아나는 기적이 일어났고, 시몬도 치유되었습니다. 바로 그 자리에 잔치가 벌어졌으니 얼마나 감사와 기쁨이 넘쳤겠습니까?

그런데 그때 조금은 과도한 모습이 포착됩니다. 한 여인이 예수께 나아와 향유를 붓습니다. 당시 많은 사람이 당황했는데, 그녀가 부은 향유의 가치가 300데나리온은 족히 되었기 때문입니다. 요한복음에 따르면, 당시 가룟 유다가 이 장면을 목격하고는 이렇게 꾸짖습니다. "이 향유를 삼백 데나리온에 팔아서 가난한 사람들에게 주지 않고, 왜 이렇게 낭비하는가?"(요 12:5, 새번역성경).

300데나리온은 상당한 금액입니다. 당시 하루 일당이 1데나리온이었습니다. 300데나리온은 300일 동안 일해야 얻을 수 있는 소득, 곧 오늘날로 말하면 연봉에 해당하는 금액입니다. 때문에 이 말씀을 읽으면 자연스럽게 이런 질문이 떠오를 수 있습니다. '300데나리온이나 되는 향유를 이렇게 소비해도 되는가? 아무리 고귀한 분께 드리는 것이라지만 이렇게 허비해도 되는 것인가?'

당시 사용된 나드 향유는 킹 제임스 번역 성경에 따르면, '스파이크 나드'로 알려져 있습니다. 히말라야 지방에서 나는 식물에서 얻어지는 향유로, 고대 아로마 가운데 가장 고귀한 향이라고 합니다. 또한 향유는 오늘날의 향수와 비슷합니다. 한두 방울만 사용해도 향이 충분합니다. 즉 아주 소량만 발라도 향이 가득 퍼졌을 것입니다. 그럼에도 마리아가 예수께 향유를 한꺼번에 부은 이유는 무엇이었을까요? 그렇게까지 부을 필요가 있었을까요? 그것은 효율적인 행동이었을까요?

그리고 또 하나, 이 말씀의 배경과 관련해 질문이 생깁니다. 사건이 벌어진 곳은 '베다니'였습니다. 수도가 있는 도시거나 중심적인 도시가 아니었습니다. 오히려 시골의 한 동네로, 서민들이 모여 살던 지역입니다. 게다가 예수님이 들어서신 곳은 나병 환자였던 시몬이 살던 집입니다. 서민들이 모인 자리에서 예수님이 단출하게 식사를 나누고 계십니다. 그런 상황에서 300데나리온이나 되는 향유를 부을 필요가 있었을까요? '그녀의 행동이 당시의 상황과 배경에 어울릴 법한 행동이었는가' 하는 의문이 드는 것입니다.

마리아의 행동은
사랑에 근거한 헌신이었습니다

만약 제가 그 자리에 있었다면, 향유 중 일부를 팔아 예수님에게 멋진 옷을 마련해 드렸을 것 같습니다. 새 신발도 신겨 드리고, 좋은 것들을 준비해 예수님을 치장해 드렸을 것 같습니다. 그리고 적절한 양의 향유를 뿌려 드렸을 것입니다. 그 정도로도 충분히 온 방에 향기가 퍼질 테니 말입니다. 그런 후 남은 향유를 팔아 가난한 자들을 위해 써 달라고 예수님 앞에 내어 드렸을 것 같습니다. 그것이 효율적인 방법이 아닐까요? 이 정도는 해야 보다 경제적이고 효과적으로 헌신했다고 볼 수 있지 않았을까요?

사실 우리가 이렇게 생각하는 데는, 나름의 삶의 원칙이 있기 때문입니다. 현대 사회의 경제 법칙, 곧 효용의 법칙이 우리를 지배하고 있는 까닭입니다. 우리는 무엇을 하든지, 또 무엇을 사든지 '과연 이것이 얼마나 효과가 있을까? 효용성이 있을까?'라는 질문을 끊임없이 던집니다. 경제적인 가치를 따져 묻고, 그 가치에 따라 삶을 택해 나갑니다. 경제적 효용성이 오늘날 우리에게 매우 중요한 기준점이 되고 있다는 말입니다.

그러나 예수님은 다르십니다. 우리가 이해하지 못하는 마리아의 행동에 주님은 도리어 칭찬을 아끼지 않으며 말씀하십니다. "예수께서 이르시되 가만 두라 너희가 어찌하여 그를 괴롭게 하느냐 그가 내게 좋은 일을 하였느니라"(막 14:6).

게다가 이런 말씀도 덧붙이십니다. "내가 진정으로 너희에게 말한다. 온 세상 어디서든지, 이 복음이 전파되는 곳에서는, 이 여자가 한 일도 전해져서, 그를 기억하게 될 것이다"(마 26:13, 새번역성경). 복음이 전파되는 곳마다 이 여인의 이야기가 전해질 것이라고 하십니다. 마치 그녀의 행동이 모범 사례임을 확증해 주듯이, 이 사건이 오랫동안 기억되고 전파될 것이라고 말씀하십니다.

그렇다면 예수님은 어떤 이유로 마리아를 칭찬하셨을까요? 먼저 예수님이 마리아를 칭찬하셨다는 것은 적어도 마리아가 행한 일을 효용의 관점에서 판단하지 않으셨다는 뜻입니다. 그렇기에 이 말씀을 효용, 소비, 경제의 관점에서 이해하는 것은 접근부터 잘못된 방식일 수 있습니다. 예수님은 어떤 관점에서 마리아의 행위에 손을 들어 주셨을까요? 또 마리아는 어떤 관점과 마음으로 예수님에게 향유 전부를 쏟아부었을까요?

마리아의 행위를 사랑에 의한 헌신이라는 관점에서 본다면 충분히 이해될 수 있습니다. 지금 마리아는 예수님과 어떤 거래를 하는 게 아닙니다. 예수님에게 잘 보이기 위해 이런 행동을 한 것도 아닙니다. 경제적인 목적에서 향유를 부은 것도 아닙니다. 그녀는 이미 예수님이 자신의 오라비를 살려 주신 것에 감사하고 있었습니다. 그분께 무엇이라도 드리고 싶은 심정이었습니다. 자신의 마음 전부라도 바치고 싶었습니다. 그래서 자신이 드릴 수 있는 최고의 것인 향유를 바쳤던 것입니다. 다시 말하면, 그것은 '바침' 곧 '온전한 헌신'이었습니다.

하나님께서
먼저 고귀한 낭비를 행하셨습니다

우리도 살면서 이와 같은 경험을 할 때가 있습니다. 누군가에게 모든 것을 다 주고 싶은 마음이 들 때가 있습니다. 그것은 경제적인 원리와는 전혀 다른 삶의 원리입니다. 살아오면서 한두 번쯤은 그런 경험을 해 보셨을 것입니다. 모든 것을 주어서라도 잡고 싶은 사람을 만나셨을 것입니다. 그 사람이 현재 남편이자 아내일 줄 믿습니다. 너무 고귀해 잃고 싶지 않은 사람, 어떤 것을 주고서라도 내 옆에 두고 싶은 사람이 있습니다. 그리고 그 순간 우리에게 나타나는 모습은 '헌신'입니다.

자녀에게 병이 들었다고 생각해 보십시오. 의식불명 상태가 되어 하루하루 연명하고 있다면 어떻겠습니까? 의사 선생님이 더는 가망이 없다고 판정까지 했다면 어떤 심정일까요? 그럼에도 부모는 희망을 잃지 않으려 할 것입니다. 수천만 원, 아니 수억 원의 비용이 든다고 해도 자녀를 포기할 수 없을 것입니다. 자녀를 살리기 위해서라면 어떤 수고도 마다하지 않을 것입니다. 그것이 부모의 사랑입니다. 물론 맹목적인 투자입니다. 거룩한 낭비입니다. 비타산적인 헌신입니다. 때로는 미련해 보일 수도 있습니다. 하지만 부모는 절대적으로 헌신합니다. 자녀를 향한 깊은 사랑이 있기 때문입니다.

마리아가 예수님에게 그와 같은 모습을 보였습니다. 예수님은 그런 마리아의 행위를 높이 평가해 주셨습니다. 사랑에 근거한 고귀한 낭비를 귀중히 여겨 주신 것입니다. 오고 오는 세대가 이 거룩한 낭비를 기억할 수 있도록 명령까지 하시면서 말입니다.

사실 이 거룩한 낭비는 이미 하나님께서 우리를 위해 보여 주신 모습입니다. 만약 하나님이 우리를 경제적인 관점에서 대하셨다면 어떻게 되었을까요? 일찌감치 인간을 포기하고 다른 존재를 만드시는 게 훨씬 경제적이었을 것입니다. 그 방법이 더 효율적이었을 것입니다. 그러나 하나님은 우리를 경제적으로 대우하지 않으셨습니다. 소비의 관점이나 효용성의 관점에서 대하지도 않으셨습니다. 오히려 하나님은 못난 우리를 더더욱 사랑해 주셨습니다. 우리를 포기하지 않으시고, 우리 때문에 사랑의 열병을 앓으셨습니다. 우리를 위해 자신의 가장 소중한 아들을 내어놓기까지 하신 분입니다. 하나님께서 우리 인간을 위해 가장 거룩한 낭비를 몸소 행해 주신 것입니다. 말씀은 이렇게 증언합니다. "하나님이 세상을 이처럼 사랑하사 독생자를 주셨으니"(요 3:16 중).

하나님께서 우리를 위해 독생자를 내어 주셨습니다. 왜입니까? '사랑' 때문이라고 합니다. '세상을 이처럼 사랑하사' 하나뿐인 아들 예수님을 십자가에 내어 주신 것입니다. 사랑하지 않으면 절대로 바칠 수 없습니다. 사랑하지 않는다면 거룩한 낭비를 할 수 없습니다. 사랑하는 사람만이 고귀한 낭비의 의미를 압니다. 경제적 원리를 따지는 사람이 똑똑한 사람일 수는 있습니다. 하지만 그런 사람은 삶의 한 면만 알 뿐입니다. 삶의 또 다른 차원인 '거룩'의 영역을 이해하지도, 이해할 수도 없습니다. 고귀한 낭비를 모른 채 인생을 허비할 뿐입니다. 그러한 삶은 사실 매우 불행합니다.

어머니야말로 거룩한 낭비가 무엇인지 가장 잘 아는 분들이라 할 수 있습니다. 항상 자녀를 위해 헌신합니다. 맹목적으로 사랑하고 비타산적으로 투자합니다. 자녀를 위해서라면 경제의 원리나 소비의 원리가 작동하지 않습니다. 그저 사랑할 뿐입니다.

종교의 영역 역시 거룩한 낭비의 차원에서 이해될 수 있습니다. 신을 사랑하는 사람들은 사랑의 열병을 앓습니다. 수많은 사람이 하나님을 위해 삶을 바칩니다. 하나님 앞에 자신이 가진 것들 바치며 헌신합니다. 오지로 선교를 떠나기도 합니다. 거룩한 순교로 생명을 내어 드리기까지 합니다. 이것이야말로 고귀한 낭비, 거룩한 낭비라고 할 수 있습니다.

마리아는 고귀한 낭비로
예수님의 마지막 길을 아름답게 비추었습니다

하나님께서는 자신의 아들을 내어 줄 만큼 우리를 위해 고귀한 낭비를 하셨습니다. 그렇다면 우리는 하나님을 위해 얼마나 고귀한 낭비를 해 보았습니까? 어떤 이는 일평생 향유를 모으기 위해 노력합니다. 그저 더 큰 향유 옥합으로 바꾸는 데 일생을 바치기도 합니다. 향유 옥합을 제대로 깨뜨려 보지 못한 채 세상을 떠나는 사람들도 많습니다.

인생을 살면서 얼마나 큰 옥합을 가졌느냐는 중요한 문제가 아닙니다. 얼마나 많은 향유를 모았느냐도 중요하지 않습니다. '과연 그 옥합을 깨뜨릴 수 있느냐', '깨뜨릴 수 있다면 언제 깨뜨릴 수 있느냐'가 중요합니다. 우리에게 주어진 옥합을 깨뜨릴 수 있는 믿음이 있기를 바랍니다. 우리의 삶에 아름다운 소비, 거룩한 낭비가 이루어질 수 있기를 소망합니다.

그렇다면 우리는 언제 이 옥합을 깨뜨려야 하겠습니까? 또 향유를 붓는다는 것은 내 삶에서 어떤 의미이겠습니까? 다시 말씀으로 돌아가 보겠습니다. 요한복음은 본 사건이 유월절 엿새 전에 벌어졌다고 보도합니다. 다시 말해, 곧 벌어질 예수님의 수난과 관련된 사건이었다는 것입니다. 직전 말씀인 요한복음 11장 57절에는 다음과 같은 내용이 기록되어 있습니다. "이는 대제사장들과 바리새인들이 누구든지 예수 있는 곳을 알거든 신고하여 잡게 하라 명령하였음이러라."

이제 곧 예수님이 붙잡힐 정황이었습니다. 외부적으로도 예수님을 붙잡으려 하는 사람들이 있었고, 내부적으로도 가룟 유다가 예수님을 넘길 기회를 엿보고 있었습니다. 이 모든 것을 알고 계시던 예수님의 마음이 얼마나 쓸쓸했을까요? 이제 예수님이 예루살렘으로 가시면 죽음을 맞게 됩니다. 예루살렘에 올라가 성 목요일에 제자들과 마지막 식사를 나누셨다고 하는데, 베다니에서의 마지막 식사는 어땠을까요? 그 자리에는 마리아와 마르다, 나사로와 시몬 등 예수께 은혜를 입은 수많은 사람이 모여 있었습니다. 이제 이곳을 떠나면, 예수님과 함께 식사할 수 있는 시간은 없습니다. 그들에게도 이 식사는 마지막 식사, 최후의 만찬이었던 것입니다. 마리아가 그 사실을 알았는지는 알 수 없지만 그녀는 예수께 나아왔습니다. 그리고 정말 마지막이 될 그 순간 예수께 향유를 쏟아붓습니다.

다른 복음서와 다르게 요한복음은 마리아가 예수님의 발에 향유를 부었다고 표현합니다. 자신의 머리털로 예수님의 발을 닦았다고 묘사합니다. 어떻게 생각하면 이해하기 어려운 장면입니다. 너무나 자세히 묘사되어 있어 놀랍기까지 합니다. 그런데 이 모습을 자세히 살펴보면 왕을 향한 복종과도 같다는 사실을 깨닫게 됩니다. 마리아가 예수님에게 보인 모습은 당시 황제 앞에서 신하들이 취했던 행동입니다. 온전한 헌신을 드러낼 때 취하는 자세입니다. 당시는 황제의 발에 머리를 조아림으로 완전한 헌신과 복종을 표하곤 했습니다. 곁에는 향이 놓여 있었고, 신하들이 복종의 제사를 드리곤 했던 것입니다. 마리아가 이를 알고 한 행동이었는지는 모르지만, 그녀는 이미 예수님을 왕으로 모시고 있었습니다. 그리고 자신이 가진 전부를 왕이신 예수께 쏟아붓습니다. 만왕의 왕이신 주께 모든 것을 내어 드립니다. 그분의 발 앞에 머리를 조아리며 복종합니다. 왕께 경배합니다. 이런 마리아의 행동이 고귀한 헌신일 수 있었던 것은 '시간적인 적절성' 때문입니다. 예수님도 이렇게 말씀하셨습니다. "예수께서 이르시되 그를 가만 두어 나의 장례할 날을 위하여 그것을 간직하게 하라 가난한 자들은 항상 너희와 함께 있거니와 나는 항상 있지 아니하리라 하시니라"(요 12:7-8).

예수님의 마지막 길에 마리아는 고귀한 헌신을 했습니다. 가장 결정적인 순간에 자신의 향유 옥합을 깨뜨렸습니다. 그래서 예수님도 그녀에게 "너는 나의 장례를 준비하였다"라고 칭찬해 주신 것입니다.

이웃을 위해 고귀한 낭비를 실천하는 것이 예수님께 헌신하는 것입니다

우리는 언제 옥합을 깨뜨릴 수 있을까요? 예수님은 이미 승천하셔서 이 자리에 계시지 않습니다. 주님이 다시 오실 날에 우리가 옥합을 깨뜨릴 만한 기회도 없을 것입니다. 그렇다면 우리는 언제 옥합을 깨뜨려야 할까? 예수님이 이 땅에 계시지 않는데, 우리는 누구를 위해, 누구를 향해 옥합을 깨뜨릴 수 있단 말입니까?

교회에 대한 비판이 거세지는 요즈음입니다. 소비와 경제의 관점에서, 정치와 사회의 관점에서 우리가 믿는 기독교가 평가 절하되고 있습니다. 교회가 나락으로 떨어지고, 마치 더는 희망이 없는 곳인 것처럼 이야기되고 있습니다. 마치 예수께서 십자가를 지신 것과 같은 상태로 교회가 내몰림을 경험합니다. 바로 이런 때 주님께서 옥합을 깨뜨린 여인과 같은 사람을 찾고 계시지 않을까 생각해 봅니다. 마리아가 마지막 순간에 예수께 옥합을 깨뜨렸던 것처럼, 주님을 향한 사랑의 열병으로 옥합을 깨뜨렸던 것처럼, 우리도 교회를 위해, 주님의 일을 위해 고귀한 낭비를 할 수 있지 않을까 생각해 봅니다.

예수님은 분명히 말씀하셨습니다. "가난한 자들은 항상 너희와 함께 있으니 아무 때라도 원하는 대로 도울 수 있거니와 나는 너희와 항상 함께 있지 아니하리라"(막 14:7). 이 말씀은 마리아와 함께 있던 이들에게 주신 말씀이었습니다. 마리아가 당시에 옥합을 깨뜨릴 때 예수님도 그 자리에 있었습니다. 예수님은 마리아의 행위를 크게 칭찬하셨습니다. 그리고 남겨진 우리가 해야 할 일이 무엇인지를 이 말씀을 통해 깨닫게 해 주십니다. 가난한 자들이 항상 우리와 함께 있을 것이라고, 바로 그들이 주님께서 우리로 하여금 도울 수 있도록 기회를 주신 자들이라고 말입니다.

마태복음 25장에 따르면, 예수님이 양과 염소를 나누듯이 사람들을 구별하시는 장면이 등장합니다. 그때 예수님이 이런 말씀을 하십니다. "임금이 대답하여 이르시되 내가 진실로 너희에게 이르노니 너희가 여기 내 형제 중에 지극히 작은 자 하나에게 한 것이 곧 내게 한 것이니라 하시고"(마 25:40).

예수님이 이 땅에 계시지 않는 이 순간에도, 우리는 옥합을 깨뜨릴 수 있습니다. 우리에게 맡겨 주신 사람들이 있기 때문입니다. 가난한 자들, 어려움을 당한 자들, 배고픈 사람들이 주님께서 우리에게 맡겨 주신 사람들입니다. 그들은 우리가 옥합을 깨뜨려야 할 작은 예수입니다. 그저 단순히 구제하라는 이야기가 아닙니다. 예수님에게 드리듯이 그들에게 고귀한 헌신을 해야 한다는 것입니다. 주님께 드리듯이 가난한 자들에게 옥합을 깨뜨리는 것입니다.

전 세계가 다양한 위기로 어려운 시간을 보내고 있습니다. 힘든 삶을 살아가는 사람이 많습니다. 고귀한 낭비가 요구되는 시대입니다. 주님께서 향유를 부은 마리아를 보시며 말씀하셨습니다. "그가 내게 좋은 일을 하였느니라"(막 14:6 중).

기도

하나님, 우리를 위해 아들 예수를 보내서서 고귀한 낭비를 해 주셨기에 우리가 영생의 복을 얻었습니다. 주님을 온전히 경배한 마리아처럼 우리도 주님의 몸 된 교회를 바로 세우며, 어려운 이들을 돕게 하옵소서. 주님께서 보이신 고귀한 낭비를 배우고 실천하게 하옵소서. 아멘.

선한 목자가 부탁하신 일

—

누가복음 10:25-37

선한 사마리아인의 비유가
우리에게 어떤 영향을 미치고 있나요?

예수님의 비유 중 선한 사마리아인의 비유만큼 널리 알려진 것도 없을 것입니다. 세계와 교회 역사에 걸쳐 이만큼 큰 영향을 미친 말씀도 없으리라고 생각합니다.

이야기의 개요는 이렇습니다. 예루살렘에서 여리고로 내려가던 한 사람이 강도를 만납니다. 강도를 만나 가진 소유를 전부 빼앗기고 죽게 될 만큼 상처를 입습니다. 마침 그곳을 지나가던 제사장이 강도 만난 자를 봅니다. 그러나 그는 돕지 아니하고 다른 길로 피해 도망갑니다. 제사장에 이어 또 다른 레위인이 지나가지만, 그조차도 피해 다른 길로 갑니다.

그런데 그곳을 지나가던 사마리아인이 그를 불쌍히 여기며 다가가서 상처를 싸매 주고, 포도주와 기름을 부으며 상처가 낫도록 도와줍니다. 나귀에 강도 만난 자를 태워서는 주막까지 데려다 주기도 합니다. 그곳에서 그를 간호하다가 떠날 때가 되자, 주막 주인에게 두 데나리온을 주면서 맡기죠. 그리고는 상처 난 사람, 강도 만난 이 사람을 도와달라고 부탁합니다. 혹여나 돈이 부족하면 돌아와서 갚아 주겠다는 약속까지 합니다. 이것이 예수님이 말씀하신 선한 사마리아인의 비유입니다.

이 말씀은 수많은 사람들에게 영감을 주었습니다. 어떤 사람은 병원을 세웠고, 어떤 사람은 자선 단체를 세웠고, 또 어떤 사람은 노숙인과 고아, 과부들을 돌보기 시작했습니다. 심지어 어떤 이들은 길을 잃은 사람들을 도와주는 사역을 하기도 했습니다. 이처럼 이 비유 말씀은 수많은 사람들에게 영감을 불러일으켰습니다. 저는 제 자신과 독자들에게 묻고 싶습니다. 과연 이 말씀이 우리에게 그만큼 영향을 미쳤습니까? 우리 자신에게 이 말씀은 살아 있는 능력이 됩니까? 이 말씀 앞에서 우리 자신은 어떻게 응답하고 있습니까?

이 말씀 앞에서 많은 사람들이 흥분하며 감동을 받아 새로운 일을 시작했지만, 말씀을 읽고도 특별한 반응이나 사건이 나타나지 않는 경우도 많이 있었습니다. 아마도 이야기를 몰라서 그런 건 아닐 것입니다. 선한 사마리아인처럼 되지 못하는 이유 중 하나는 우리의 무력함 때문일 것입니다. 나아가 우리의 실천 없음에 있다고도 할 수 있겠습니다. 과연 우리는 이 말씀을 어떻게 우리 것으로 받아들일 수 있을까요? 이 말씀이 살아 있는 능력이 되어서 우리 자신을 변화시킬 수 있을까요? 성령님의 인도하심을 간구하면서 어떻게 하면 우리가 그리스도인답게 바뀔 수 있을지 생각하며 말씀을 살펴보길 원합니다.

선한 사마리아인의 비유는
날이 선 율법 교사의 질문에서 시작합니다

말씀을 이해하기 위해서는 배경을 함께 살펴볼 필요가 있습니다. 사실 선한 사마리아인의 비유는 팽팽한 긴장감이 맴도는 상황 속에서 나온 주님의 말씀입니다. 한 율법 교사가 예수님을 찾아와서 질문하는 장면이 배경입니다. 두 가지 말씀이 나타납니다. 10장 25절입니다. "어떤 율법교사가 일어나 예수를 시험하여 이르되." 29절에는 이런 말씀이 있습니다. "그 사람이 자기를 옳게 보이려고 예수께 여짜오되." 다시 말해 지금 이 상황은 율법 교사가 예수님을 시험하기 위해 또는 자기 자신을 옳게 보이기 위해 한 질문에서 시작된 사건입니다. 이런 상황 속에서 예수님은 선한 사마리아인의 비유를 말씀하십니다. 율법 교사가 예수님께 찾아와 질문합니다. "내가 무엇을 하여야 영생을 얻으리이까"(눅 10:25 중).

예수님께서 대답하시죠. "예수께서 이르시되 율법에 무엇이라 기록되었으며 네가 어떻게 읽느냐"(눅 10:26). 그러자 율법교사가 이렇게 대답합니다. "대답하여 이르되 네 마음을 다하며 목숨을 다하며 힘을 다하며 뜻을 다하여 주 너의 하나님을 사랑하고 또한 네 이웃을 네 자신 같이 사랑하라 하였나이다"(눅 10:27).

그러자 예수님께서 그의 대답에 응하는 대답을 주십니다. "예수께서 이르시되 네 대답이 옳도다 이를 행하라 그러면 살리라 하시니"(눅 10:28). 정교한 질문과 대답이 오고 가는 장면입니다. 이렇게 예수님과 율법 교사 간의 대화가 끝나는 듯 보이는 이때, 율법 교사가 한 가지 질문을 다시 던집니다.

"그 사람이 자기를 옳게 보이려고 예수께 여짜오되 그러면 내 이웃이 누구니이까"(눅 10:29). 사실 이 질문은 굉장히 뾰족한 질문입니다. 그래서 성경은 그가 자신을 옳게 보이려고 한다는 말씀을 율법 교사의 질문 앞에 둡니다. 무언가 작심하고 던진 질문이었습니다. "네 이웃을 사랑하라 그러면 될 것이다" 하는 말씀을 받고 "네, 그것에 동의합니다. 그러나 한 가지 질문이 있습니다. 예수님께서 생각하시는 이웃은 도대체 누구입니까?"라는 질문을 던진 것입니다.

이렇게 질문한 이유는 당시 랍비들이 가진 이웃에 대한 개념 때문이었습니다. 그들은 원의 가운데에 자신이 있고, 혈연과 종교를 중심으로 하나의 원이 펼쳐지듯 이웃과의 관계가 이루어진다고 생각했습니다. 가까이에는 가족과 친구들이 있었겠죠? 조금 더 나아가서는 민족이 있었을 겁니다. 그리고 이웃의 제일 마지막에는 민족은 다르지만, 하나님께 나와서 하나님의 백성이 된 이방 민족들이 속해 있었습니다. 즉 유대인들은 이 원 안에 들어 있는 사람만이 이웃이라고 생각했습니다.

그런데 예수님을 가만히 살펴보니 예수님은 자신들과 같은 관점으로 이웃을 대하지 않으셨습니다. 이방인들도 쉽게 만나고, 심지어는 세리와 창녀도 쉽게 만나는 모습을 보면서 도대체 누가 이웃이냐는 질문이 생겨난 것입니다. 그래서 당시 유대 지도자들은 예수님을 가리켜 "세리와 죄인들의 친구로다"(눅 7:34 중)라고 비난할 정도였습니다. 이러한 이유로 율법 교사가 예수님에게 질문합니다. "이웃을 사랑하라고 하신 말씀 잘 알겠습니다. 저도 동의합니다. 그런데 예수님이 생각하시는 이웃은 도대체 누구입니까? 어떻게 이웃을 규정해야 한다는 말씀입니까?" 아주 날카로운 질문입니다. 이 질문에 대한 대답으로서 예수님께서 한 가지 비유를 말씀하시는데, 그것이 바로 선한 사마리아인의 비유입니다.

오늘 만나는 그 사람이
이웃임을 알려 주고 계십니다

예수님의 말씀 속에는 당시 엄청난 현실이 반영되어 있습니다. 예수님은 왜 비유 안에 사마리아인이라는 특별한 이름을 넣으셨을까요? 매우 의도적인 예수님의 행동이자 말씀이라고 할 수 있습니다. 고대 이스라엘 역사를 살펴보면 사마리아인들은 원래 이스라엘 민족이었습니다. 그런데 주전 722년경에 앗수르로부터 멸망당하자 사마리아 사람들이 앗수르 사람들과 함께 살게 됩니다. 앗수르의 왕은 앗수르 민족들을 사마리아인들과 함께 살게 하면서 통혼 정책을 펼치죠. 한마디로 민족을 말살시키려는 정책이었습니다. 그러다 보니 사마리아에 살고 있었던 모든 이스라엘 민족들이 오랜 시간이 흐르면서 민족성이 바뀌는 상황이 되고 말았습니다.

반면에 남유다에 살고 있었던 유대인들은 바벨론에 포로로 잡혀가기는 했지만 민족성은 지킬 수 있었습니다. 오랜 시간이 흘러 주전 5세기경, 예루살렘에 새로운 성전을 짓고자 그들이 돌아옵니다. 그때에 사마리아에 있었던 사람들이 성전 짓는 일을 도와주려고 하지만 유대인들이 거부를 합니다. 이방 민족과 피가 섞였다는 이유였습니다. 다시 말해 유대인들에게 사마리아인들은 더 이상 동족이 될 수 없었습니다. 그래서 주전 4세기경, 사마리아인들은 그들이 살고 있던 지역에 성전을 따로 만들게 됩니다. 그 성전이 바로 그리심 산에 있었던 성전입니다. 주전 128년경에 유대 사람들이 습격해 이 성전을 파괴하고 맙니다.

그 후 주후 8년쯤, 사마리아인들이 유대 땅 예루살렘에 몰래 들어옵니다. 유월절 하루 전날 성전 주위에 죽은 사람들의 뼈를 사방에 뿌려 성전을 더럽히자, 그해 유월절은 지킬 수 없는 상황이 되고 말았습니다. 이렇듯 이스라엘 민족과 사마리아인 사이에는 전쟁과 같은 일들이 끊임없이 오고 가며 서로 원수 된 삶을 살고 있었습니다. 예수님께서 사마리아에 방문하시고 사마리아 한 여인에게 물을 청하셨을 때, 그 여인이 말하지 않습니까? "당신이 유대인으로서 어떻게 나에게 물을 달라 하십니까? 왜 나에게 말을 걸어오십니까?" 당시의 상황에서 제기되었던 질문인 것입니다.

이러한 배경에서 본다면 예수님의 선한 사마리아인 비유가 얼마나 충격적이었을지 짐작됩니다. 예수님을 향해서 "당신의 이웃관은 무엇입니까?" 물으며 도전하는 율법 학자에게 예수님은 지금 그들이 제일 싫어하는 사마리아인을 주인공 삼아 이야기를 전개하고 계십니다. 그리고 말씀하시죠. "네가 만약에 강도의 습격을 당했다고 생각해 보라. 그래서 죽을 상황이 되었다고 생각해 보라. 그런데 마침 그렇게도 존경하던 제사장 곧 나의 이웃이라고 생각하던 그가 지나가고 있었다. 당연히 너는 '나를 도와주겠지' 생각할 것이다. 그러나 그가 너를 보고는 지나쳐 버렸다. 이번에는 레위인이 들어왔다. 네가 경건하다고 생각하며 존경하던 사람이었다. 당연히 이웃이라고 생각했을 것이니 무엇인가 기대했을 것이다. 그러나 그 역시도 너를 보고는 다른 길로 도망가 버렸다. 그런데 또 다른 한 사람이 나타났다. 그 사람은 다른 곳에 살고 있던 사마리아 사람이었다. 그를 보면서 너는 '나의 이웃이 아닌데…' 생각했겠지만 그가 너를 보고는 다가와서 상처를 치료해 주고, 주막까지 데려가서 정성껏 간호해 주기를 부탁하며 주막 주인에게 두 데나리온을 맡겼다면 누가 과연 너의 이웃이 되겠느냐?"

결국 율법학자가 대답합니다. "자비를 베푼 자입니다." 자기중심적 사고에 바탕을 둔 이웃관에서 떨어져 나올 수밖에 없었을 것입니다. 과거에는 스스로를 중심으로 해서 옆에 있는 가족, 친구, 민족 그리고 같은 종교를 가진 사람, 함께 살아가는 경건한 사람만이 이웃이라고 생각했죠. 그런데 예수님의 이야기를 들으면서 "나에게 자비를 베푼 자입니다"라고 말할 수밖에 없었습니다. 여기서 예수님께서 하시는 중요한 말씀은 이것이죠. "이웃이 누구인가? 나에게 고정된 것인가? 누가 나의 이웃인가?" 라는 질문을 예수님은 "누가 강도 만난 자의 이웃이 될 것인가?"라고 바꾸십니다. 이웃의 개념을 자기중심적 사고에서 만나는 모든 사람들로 확장시키신 것입니다.

사실 이웃은 고정되어 있지 않습니다. 우리는 끊임없이 사람들을 만나고 경험합니다. 그냥 지나쳐 버리면 이웃이 될 수 없고, 그들과 함께 관계를 맺으며 돌보면 이웃이 될 수 있습니다. 끊임없이 변화하는 게 이웃입니다. 율법학자는 완성된 이웃을 생각했습니다. 고정되어 있는 이웃을 생각했습니다. 나의 편으로서의 이웃을 생각했습니다. 그러나 예수님께서는 고정되지 않은 이웃, 끊임없이 변하는 이웃, 오늘 만나는 사람 그리고 끊임없이 만나는 사람들이 이웃이라는 사실을 알려 주고 계십니다.

자신의 계획과 틀에 갇힌 사람은
이웃이 될 수 없습니다

이 비유 때문에 수많은 사람들이 선한 사마리아인이 되기 위해서 새로운 마음을 가지고 떠났죠. 그러나 여전히 떠나지 않은 사람들도 있습니다. 앞서 말씀드린 것처럼 우리가 아직 떠나지 못했다면 문제는 무엇이겠습니까? 우리는 비유 가운데 나타난 실패한 사람의 이야기로부터 한 가지 교훈을 얻을 수 있습니다. 바로 강도 만난 자를 돕지 못한 제사장과 레위인입니다. 왜 그들은 강도 만난 자를 돕지 못했을까요? 그들의 실패는 우리들에게 무엇을 말해 줍니까? 왜 그들은 이웃을 돕는 일에 실격했습니까?

아마도 같은 날 제사장과 레위인이 그 길을 지나간 걸 보아서 제사가 있었던 날이라고 보입니다. 성전으로 올라가서 제사 드리는 일을 도와야 하는 상황에 있었을 가능성도 있습니다. 제사장과 레위인은 부정한 것을 만지면 규율을 어기게 됩니다. 그러면 모든 제사가 다 중단되겠죠. 이런저런 생각 때문에 제사장과 레위인은 강도 만난 자를 멀리 두고 떠났을지도 모르겠습니다. 어려움을 당한 사람을 보고 돕고 싶지 않은 사람이 많지는 않겠지만 자신의 일정과 계획, 틀 안에 갇혀 있는 사람은 이웃을 도울 수 없습니다.

내가 다른 사람에게 이웃이 된다는 것은 그 사람의 시간과 장소에 함께하는 것을 의미합니다. 다른 말로 하면 나의 계획과 생각의 파괴를 의미하고, 일정의 파괴까지도 의미합니다. '제사를 마치고 돌아와서 도와야겠다.' 혹은 '이것을 하면 나의 일정이 모두 망가지는데…'라고 생각하는 사람은 결코 강도 만난 사람을 도울 수 없습니다. '이만큼 돈을 모은 다음에… 이 정도로 경력을 쌓은 다음에… 내가 충분히 준비된 다음에….' 그러나 그때가 되면 고정된 이웃은 있을지 몰라도 정작 우리 자신을 필요로 하는 이웃은 곁에 없을 수도 있습니다. 강도 만난 자는 그때 그 자리에 단 한 번 있을 뿐입니다.

어려운 사람이 있습니다. 그를 도와주고 싶습니다. 그래서 지갑을 열어 봅니다. 그중 얼마는 집안 식구들과 식사할 비용입니다. 얼마는 아이의 학비입니다. 얼마는 부모님께 드릴 용돈입니다. 이 돈 저 돈 떼고 보니 남는 돈이 없습니다. 결국 지갑을 닫습니다. 이렇듯 일상의 삶에서 벗어나지 못하는 사람은 강도 만난 사람을 결코 도울 수 없습니다. 사실 쉬운 일이 아닙니다. '아직 강도 만난 사람을 보지 못해서 그래. 강도 만난 사람을 보기만 하면 나는 얼마든지 도울 자신이 있어' 장담하며 살아가는 사람들이 있을지도 모르겠습니다. 그런 분들을 위해서 저의 부끄러운 이야기를 하나 해야 할 것 같습니다.

1985년 신대원 1학년쯤이었던 것 같습니다. 그때 한참 〈아마데우스〉라는 영화가 인기 상영 중이었습니다. 12월 31일 마지막 날, 그 영화를 보고 나서 저는 송구영신 예배를 드리기 위해 교회로 가고 있었습니다. 홀로 길을 걷던 중에 한 사람이 쓰러져 있는 모습을 보았습니다. '어떤 사람이 쓰러져 있구나. 저 사람을 내가 도와주어야겠다'는 생각을 하면서 한걸음씩 다가가고 있었는데 그 옆에 흥건하게 펼쳐져 있는 물기가 보였습니다. 그러면서 저의 생각이 바뀌기 시작했습니다. '아, 저 사람 술을 드시고 실례를 하신 것 같은데 내가 꼭 도와야 할까? 좋지 않은 냄새를 풍기면서 송구영신 예배에 갈 수는 없지 않을까?' 이런 생각을 하면서 조금씩 다가가고 있는데, 그의 옆에 있던 물기가 물이 아닌 피라는 사실을 알게 되었습니다. 그때 저는 소스라치게 놀랐습니다. 그렇게까지 피가 흘러나오는 모습을 본 적이 없었기 때문에 너무나도 놀랐고 당황했습니다.

다가가서 도와주고 싶은 마음은 있었지만 그보다 훨씬 큰 힘이 저를 움직였습니다. 주위를 살펴보았습니다. 아무도 없었습니다. '혹시 내가 이 사람을 죽였다는 모함을 받으면 어떻게 될까? 혹시라도 이 사람을 붙잡고 고치려고 하다가 내가 어려운 일을 겪으면 어떻게 될까?' 여러 생각이 들면서 갑자기 길을 바꾸어 도망가기 시작했습니다. 한참 도망을 가다가 문득 떠오른 것이 선한 사마리아인의 비유였습니다. 그래서 발걸음을 돌이켜 그분에게 다시 돌아가는데 발걸음이 얼마나 느렸는지, 한참이나 느리게 가면서도 그 사이에 다른 사람이 그분을 발견했기를 바라는 마음으로 간 기억이 납니다. 멀찍감치 갔을 때 한 사람이 그를 부축하면서 택시를 붙잡는 모습을 보았습니다. '살았을까? 죽었을까? 만약 그 사람이 목숨을 잃었다면 나에게도 책임이 있겠다. 언젠가 하나님 나라에 가서 그분을 만나면 내가 어떻게 보일까?' 이런 저런 생각을 하곤 했습니다. 이처럼 선한 사마리아인이 된다는 것은 쉽지 않습니다. 목회자의 훈련을 받고 있었던 저도 쉽지 않았고, 지금도 쉽지 않습니다.

선한 사마리아 비유에도 제사장과 레위인이 나오죠. 그런데 그 사람들이 여리고로 향하고 있었다는 표현이 분명하게 나타납니다. '카타바이노' 즉 '내려가다'라는 단어가 그들이 예루살렘으로 올라가던 중이 아니라는 사실을 분명하게 보여 주고 있습니다. 조금 전 예루살렘에 올라가는 길이었다면 그들이 제사를 위해야 했기 때문에 강도 만난 자를 도와주기 어려웠을지도 모를 거라고 했지만, 사실 예수님의 비유는 반대입니다. 그들이 일을 마치고 예루살렘에서 여리고 방향으로 돌아가고 있었을 가능성이 더 높습니다. 그럼에도 그들은 어려운 사람을 돕지 않았습니다. 이것이 우리의 현실입니다. 그러면 어떻게 해야 하겠습니까? 어떻게 우리는 예수 그리스도께서 말씀하신 선한 사마리아인과 같은 사람이 될 수 있을까요?

우리는 이웃의 회복을 부탁받은
여관 주인과 같습니다

1985년 그날 이후로 저는 여러 가지 생각을 할 때마다 '나는 할 수 없다. 나는 불가능하다'는 생각에 사로잡히곤 했습니다. 그러던 중 말씀을 읽다가 저의 눈에 여관 주인이 들어왔습니다. 선한 사마리아인이 여관 주인에게 말하고 부탁하는 장면이었습니다. 강도 만난 자, 그를 도울 수 있는 사람은 누구일까요? 우리가 된다면 얼마나 좋겠습니까? 그런데 사실 어쩌면 예수님만이 강도 만난 자를 도와주실 수 있지 않을까 생각합니다. 선한 사마리아인이 강도 만난 사람을 보면서 '불쌍히 여겼다'는 표현이 있는데, 이 단어가 예수님께서 병자들을 보시며 불쌍히 여기셨다는 말과 동일합니다. 선한 사마리아인의 모습 속에 어려움에 처한 사람들을 돌보시고 불쌍히 여기시는 예수님의 모습이 나타나고 있는 것입니다.

그렇다면 사마리아인이 결국 예수 그리스도와 닮아 있다고도 말할 수 있지 않겠습니까? 그리고 그가 여관 주인을 불러서는 "이 사람을 끝까지 돌보아 주십시오"라고 부탁합니다. 심지어 두 데나리온을 남기면서 혹시 돈이 부족하면 돌아올 때 다 갚아 주겠다고 말합니다. 저는 이 말씀을 읽다가 이런 생각에 잠겼습니다. '만약 내가 선한 사마리아인은 되지 못하더라도, 자발적으로 달려가서 어려움에 처한 사람을 도와주지는 못할지라도 예수님께서 맡기신 사람들, 그 사람들만이라도 도와줄 수 있지 않을까?' 돌아오시겠다는 예수님의 약속을 믿으면서 나에게 맡겨 주신 사람들만이라도 돌볼 수 있지 않겠는가 생각한 것입니다.

우리는 어쩌면 선한 사마리아인이 아닐 수 있습니다. 아니, 도저히 될 수 없을 수도 있습니다. 하지만 여관 주인 정도는 할 수 있을지 모르겠습니다. 스스로의 비용을 들여 강도 만난 자를 싸매 주고 고쳐 주는 분을 옆에서 본 사람, 그 모습에 감동한 사람, 그리고 그를 돌보아 달라고 비용을 받은 사람, 혹여 비용이 더 들면 돌아올 때 다시 갚아 주겠다는 약속을 받은 사람이 바로 우리가 아닐까 생각해 봅니다. 우리가 받은 재물은 예수님께서 강도 만난 자를 돌보아 주라고 맡기신 두 데나리온입니다. 그들을 돌보아 주라는 부탁이 말씀에 있습니다. 비용이 더 들면 보태어 주시겠다는 주님의 약속도 있습니다. 우리가 여관 주인이 아니겠습니까?

우리가 선한 사마리아인은 되지 못한다 할지라도 주막의 주인은 될 수 있을 것 같습니다. 우리에게 맡겨 주신 사람들이 있습니다. 예수님께서 그들을 이미 싸매 주시고 고쳐 주고 계십니다. 우리에게 맡겨진 사명은 그들이 온전히 회복될 때까지 돌보는 것입니다. 비용은 주님께서 책임져 주십니다. 누구의 이웃이 될 것입니까? 누구에게 의미 있는 존재가 될 것입니까? 그들을 찾아 선한 사마리아인은 되지 못할지라도 여관 주인은 한번 되어 봅시다. 여관 주인에게 필요한 마음은 성실함일 것입니다. 주님께 이미 약속도 받고, 두 데나리온도 받았으니 청렴하고 성실하게 맡은 일을 감당할 뿐입니다. 주님께서 우리에게 그 일을 부탁하고 계십니다.

———————————/ 기도 \. ———————————

하나님, 두 데나리온을 맡기시고 "잘 돌보아 주라" 말씀하시며 떠나신 선한 목자 예수님을 생각합니다. 비용이 더 들면 다시 와 갚겠다고 하신 약속을 생각합니다. 우리에게 주신 건강과 재물과 능력이 맡기신 두 데나리온임을 깨닫고 선한 청지기로 살게 하옵소서. 아멘.